N&K

Wilfried Meichtry

HEXENPLATZ UND MÖRDERSTEIN

Die Geschichten
aus dem magischen Pfynwald

Nagel & Kimche

Zum Gedenken an
Maya Grand-Hänni (1910–1999)

Der Verlag dankt

dem Kanton Wallis

dem SWISSLOS/Kultur Kanton Bern

der Gemeinde Leuk

der Burgerschaft Leuk

sowie dem Naturpark Pfyn-Finges

PFYN-FINGES
NATURPARK WALLIS
PARC NATUREL VALAIS

für ihre freundliche Unterstützung

1 2 3 4 5   14 13 12 11 10

© 2010 Nagel & Kimche
im Carl Hanser Verlag München
Herstellung: Andrea Mogwitz und Rainald Schwarz
Satz: Satz für Satz. Barbara Reischmann
Druck und Bindung: Friedrich Pustet
ISBN 978-3-312-00462-1
Printed in Germany

HEXENPLATZ, 1975

Und als wir mehr und mehr empfanden, was für ein Tag es sei, entschlossen wir uns, durch den großen Pfynwald über die flachen, für den Winter geschlagenen Rhone-Brücken, nach Muzot zurückzugehen. Ein Weg, wie fortwährend ins Innere von Bildern sich einlassend, ja, als machte man immerzu Fortschritte ins eigentlich (oder sonst) Unbetretbare.

Rainer Maria Rilke an Katharina Kippenberg,
21. November 1921

An den Mittwochnachmittagen war alles möglich. Auch die Auferweckung der Toten. Allerdings musste ich mich dazu zum Hexenplatz begeben, jenem kleinen Dorfteil von Leuk-Susten, der an den Galgenwald und den gefährlichen Abgrund des Illgrabens grenzt. In diesem Galgenwald sei vor langer Zeit der Richtplatz von Leuk gestanden, sagten die alten Leute im Dorf. Verbrecher und Mörder seien dort hingerichtet worden, aber auch Hexen. Von ihnen habe der Hexenplatz, der nur aus ein paar wenigen Häusern und Ställen bestand, seinen Namen. Fast jeden schulfreien Nachmittag verbrachte ich dort. Denn mitten im alten Hexenplatz stand das Haus meiner Großmutter, das ich immer durch den versteckten und leicht schummrigen Hintereingang betrat, der in eine kleine Küche führte.

«Großmama, darf ich Totenbildchen schauen?», fragte ich oft schon beim Eintreten, und noch ehe sie mit einem «Ja, ja, natürlich» antwortete, war ich schon in ihrem Schlafzimmer. Dort entnahm ich dem kleinen Nachttisch mit der kühlen, weißen Marmorplatte zwei alte, in Leder gebundene Bücher, mit denen ich schnurstracks zurück in die Küche eilte. Ich legte die bei-den Alben auf den Tisch, machte es mir auf der kissengepolsterten Eck-bank bequem und vertiefte mich in die schwarzumrandeten Fotos. War meine jüngere Schwester dabei, ver-anstalteten wir einen Wettkampf im

Kopfrechnen. Wir lasen einander Geburts- und Sterbe-daten vor, und jeder versuchte, schneller als der andere, das Alter des Verstorbenen auszurechnen. War ich allein bei der Großmutter, lernte ich die Namen der Toten aus-wendig. Es war erstaunlich, wie viele Menschen schon ge-storben waren. Nur wenige Seiten fehlten noch, und meine Großmutter würde ein drittes Album beginnen.

Alle meine Toten trugen Sonntagskleider. Die Männer dunkle Anzüge, weiße Hemden und Krawatten, die Frauen schwarze Röcke, gepflegte Frisuren und eine Brosche. Ge-nau wie später im Sarg. Nur dass sie dort viel bleicher wa-ren und ihre Augen geschlossen hatten. Das wusste ich von den Beerdigungen, bei denen ich als Kranzträger die ersten Toten gesehen und mein erstes eigenes Geld ver-dient hatte.

Die meisten blickten mir ernst und streng in die Augen. Vor der griesgrämigen Miene des Theodor Orlandi hatte ich Angst. Das aufgedunsene Gesicht des kahlköpfigen Jakob Kreuzer erinnerte mich an einen Bösewicht aus einem Charlie-Chaplin-Film. Und bei der bleichen Bene-dikta Mathieu-Corbelli, die ihr schütteres Haar streng nach hinten kämmte, war ich froh, dass sie nicht meine Großmutter war. Kaum jemand lächelte. Bei meinem Ur-großvater Gustav Hänni allerdings war ich unsicher. Im-mer wenn ich sein Gesicht länger betrachtete, war mir, als formten sich seine schmalen Lippen unter dem gezwirbel-ten Schnurrbart zu einem kleinen Lächeln.

Es dauerte nie lange, und meine Großmutter setzte sich zu mir. «Felix Donazzolo war mein Großvater», erklärte mir Maya, meine Großmutter, das älteste Bild ihrer Samm-lung. Aus dem italienischen Friaul sei er vor hundert Jahren in die Schweiz gekommen. Mit nichts als einem Taschen-

8

tuch im Hosensack. «Als Maurer wollte er nach Genf. Er kam nur deshalb nicht über den Pfynwald hinaus», fuhr sie fort, «weil sich ihm auf der Illgrabenbrücke die zu allem entschlossene Antonia Grand, die Frau mit der größten Schuhnummer im Kanton Wallis, in den Weg stellte.» Also heirateten die beiden, und Felix Donazzolo wurde, obwohl er weder lesen noch schreiben konnte, einer der größten Bauunternehmer im Kanton Wallis. Der schnelle Reichtum sei dem Großvater zu Kopf gestiegen, erzählte Maya. Erst habe er das imposante Hotel Susten gekauft und nach dem Konkurs des Barons von Werra dessen Schloss ersteigern wollen. Wieso nach seinem plötzlichen Tod 1927 kaum etwas übrig blieb, sei ihr bis heute ein Rätsel.

Stundenlang erzählte mir Maya von meinen Vorfahren. Von ihrer Mutter Elisabeth, die ihren Verlobten Gustav Hänni, den Sohn eines protestantischen Büchsenmachers aus dem Kanton Bern, erst heiraten konnte, als dieser katholisch wurde und die Walliser Hymne auswendig singen konnte. Siebzehnmal sei die Mutter schwanger gewesen, dreizehnmal sei ein Kind und viermal seien gleich zwei Kinder aus ihrem Bauch gekommen.

«So kam ich zu meinen zwanzig Geschwistern», lächelte Maya.

Die Familie meines früh verstorbenen Großvaters Albert war aus anderem Holz. «Die Männer», fasste sich Großmutter immer kurz, «tranken bösen Wein, und die Frauen gingen ins Kloster.»

Mayas Geschichten beschränkten sich nicht auf die Verwandtschaft, sondern umfassten das ganze Dorf. Mit glühenden Ohren hörte ich ihr zu, wie sie die Geschichte der «Hasler-Tampa» erzählte, der absolut «letzten Hexe der Schweiz». Eine furchtbare Geschichte. An einem heißen

Sommertag im Jahr 1930 hütete die Haslerin auf einer Pfynwaldmatte die Schafe. Wie so oft gönnte sie sich in der Mitte des Nachmittags ein Nickerchen auf einem Heuhaufen. Auf diesen Moment hatte eine Gruppe junger Männer gewartet, die ihren Spaß daran hatte, die geistig behinderte Frau zu quälen. Diesmal aber gingen die einfältigen Kerle zu weit. Sie schlichen sich zum Heuhaufen und zündeten ihn an. Aus dem geplanten Streich wurde brutaler Ernst. Innert kürzester Zeit ging der Heuhaufen in Flammen auf. Die Haslerin verbrannte bei lebendigem Leib. Für die jungen Männer habe der Vorfall keinerlei Folgen gehabt, entsetzte sich meine Großmutter. Das Ganze wurde als unglückseliger Unfall angesehen. Es sei ja nur die «Hasler-Tampa» gewesen, hieß es in Leuk.

Es gab keinen interessanteren Erwachsenen als meine Großmutter. Ihre kleine Küche mit dem alten Holztisch, den ein verwaschenes und von Flickstellen übersätes Tischtuch bedeckte, war der spannendste Ort überhaupt. Immer wenn ich dort neben ihr saß, weitete sich die Welt. Menschen, die nicht nur tot waren, sondern deren Gräber längst nicht mehr existierten, erwachten dort zum Leben. Zum Beispiel mein Verwandter Victor Donazzolo, der älteste Sohn meines Urgroßvaters Felix, der sich so sehr für Musik interessierte und kein Interesse an der väterlichen Bauunternehmung hatte: «Onkel Victor ist nach einem bösen Streit mit seinem Vater bei Nacht und Nebel verschwunden und nie wieder aufgetaucht», erzählte Maya. In der Verwandtschaft wusste niemand, was aus dem jungen Mann geworden war. Ich stellte mir vor, wie er den Illgraben überschritt und für immer verschwand.

Der Abgrund des Illgrabens war für mich das Ende der

Welt. Auf der anderen Seite des Wildbachs, der im dunklen Illoch entsprang, sich tief in den Waldboden eingefressen hatte und bei Unwettern Tonnen von Schlamm und Gestein ins Tal donnern ließ, lag der weite und verrufene Pfynwald, den wir nicht betreten durften. Eine weite und sehr gefährliche Wildnis sei dort, sagten die Erwachsenen, und in dieser unwegsamen Gegend wimmle es von Geistern und schauderhaften Schlangen. Von Lindwürmern, welche harmlose Bauern und ganze Herden unschuldiger Tiere verschlangen, berichteten die alten Leute im Dorf. Die schreckliche Geschichte von dem gefundenen Kind verängstigte mich genauso sehr wie die ersten Folgen von ‹Aktenzeichen XY … ungelöst›, die ich zu jener Zeit im Fernsehen sah. Sie sei noch sehr jung gewesen, erzählte Maya, als Louis Bovier beim Holzsammeln im Pfynwald eine Kinderleiche gefunden habe, die so entstellt gewesen sei, dass niemand mehr sagen konnte, woher das Kind stammte und wem es gehörte. Weil der Fall nicht mehr aufgeklärt werden konnte, habe man das Kind schließlich in einem namenlosen Grab beerdigt.

Einmal war ich mit meiner Großmutter ganz hinten im Vanoischi. Von Pletschen liefen wir auf einer immer enger werdenden Straße nach Pulligen und erreichten schließlich das Illoch, wo kein Weg mehr weiterführt und wir vor uns nur noch schroffe Bergflanken, steile Geröllhalden und den tiefen Schlund des Illgrabens sahen. Ich konnte mir nicht vorstellen, dass auf der anderen Seite von Vanoischi, Gorwetsch und Illgraben überhaupt noch etwas war. Eine Weile lang standen wir am Abgrund des Illgrabens und betrachteten schweigend die vor uns liegende, steil emporragende Hinterwand des Gorwetsch, in der es ständig zu größeren und kleineren Steinschlägen und Rutschen kam.

Der ganze Felsenkessel rumorte. Alles schien lose und in dauernder Bewegung zu sein. Ich hatte Angst. Hier irgendwo wohnten die schwarzgekleideten Güsler mit dem Dreispitzhut und der weißen Halskrause. Wo immer ihre schwarzen Hengste die Erde berührten, glühte der Boden unter ihren Hufen. Wer einem Güsler in die Augen schaute, war drei Tage später eine Leiche. Wenn es wirklich einen Eingang in die Unterwelt gab, dann musste er im Vanoischi sein. Vielleicht war das Illoch – wie Maya von ihrer Mutter wusste – ja wirklich das Verlies der hundert Teufel, die Gott nach dem Höllensturz der Engel hierher verbannt hatte. «Als ich ein Kind war», sagte Maya, «hat man uns gesagt, dass es diese Teufel sind, die bei heftigen Regenfällen große Flutwellen von Schlamm und Felsbrocken durch den Illgraben in den Talgrund wälzen.»

«Där Illgrabu chunnt!» Wenn sich im Dorf diese Kunde verbreitete, liefen meine Brüder und ich gespannt zu einem sicheren Aussichtspunkt und beobachteten, wie sich die gewaltige Schlammlawine, die Steinblöcke und Baumstämme mit sich führte, im tief eingefressenen Bachbett des Illgrabens durch den Pfynwald in Richtung Rotten wälzte. Der Illgraben war mehr Vulkan denn Wildbach. In der Nacht allerdings wich die Faszination der Furcht. Ganz besonders, wenn ich im Ehebett meiner Großmutter lag, in dem ich nach dem Tod meines Großvaters gelegentlich übernachtete. Das unerwünschte Nachtkonzert von krachendem Gewitterdonner, grollendem Illgrabengepolter und zähem großmütterlichen Schnarchen raubte mir stundenlang den Schlaf und weckte Albträume. Die hoch über dem Vanoischi gelegene Illsee-Staumauer sah ich brechen, den Illgraben über die Ufer treten und das ganze Dorf unter einer meterhohen Schlammschicht versinken. In jenen Momenten war ich mir absolut sicher, dass auf Susten und den ganzen Leukergrund das grausige Schicksal des römischen Pompeji wartete. Ein gewaltiger Vulkanausbruch hatte die antike Stadt im Verlauf einer einzigen Nacht für fast zweitausend Jahre unter einer dicken Lavaschicht begraben.

Ich hielt mich an die Geschichten meiner Großmutter. Die waren alle wahr, so sagte sie. Und ich glaubte ihr. Besonders fasziniert war ich, wenn sie ihre Geschichten *spielte*. Jene des Vagabunden Bourbaki zum Beispiel, der jeden Sommer für ein paar Wochen ins Dorf kam und oft im Pfynwald übernachtete. Für ein Stück Brot oder ein Glas Wein machte er allerlei Faxen oder hielt wirre Reden, die niemand verstand. «Dieser seltsame Vogel», so Maya, «schlief, aß und trank am allerliebsten auf dem Erdboden. Wenn man ihm ein Bett oder einen Stuhl anbot, lehnte er mit dem immer gleichen Satz ab: ‹Soviel ich weiß, gilt in diesem Land das Recht der freien Niederlassung!›»

Die Bourbaki-Szene war mein absoluter Liebling. Immer, wenn ich meine Großmutter fragte: «Spielst du Bourbaki?», lächelte sie erst und zog sich dann wortlos aus der Küche ins Schlafzimmer zurück. Einen Augenblick lang war es still. Dann rumpelte und krachte es plötzlich. Ich hörte ein Fauchen und Knurren und kurz darauf einen alles durchdringenden Schrei. «Hilfe, Hilfe! Au secours!» Das Parkett knarrte, und das Lärmen wurde immer lauter. Kurz darauf stürzte Maya mit rudernden Armen in die Küche. Weit aufgerissene Augen starrten mich an. Wirres Haar. Ihr ganzer Körper zitterte. Der Atem keuchte. Weil ihr Unterkiefer mächtig schlotterte, erstickte jedes Wort, noch bevor es über ihre Lippen kam. Eine ganze Weile lang stand sie da. Fassungslos. Erst als sie zwei-, dreimal mit angstverzerrtem Blick hastig in die Richtung spähte, aus der sie gekommen war, fand sie langsam ihre Sprache wieder.

«Ein Monster! Im Pfynwald! Ich habe ein Monster gesehen», schrie Bourbaki.

«Wie hat es ausgesehen, Bourbaki?», schlüpfte ich in die Rolle des Gendarmen.

«Ein schwarz-gelbes Untier. Groß wie ein Löwe und mit Zähnen wie Messerklingen.»

«Bist du ganz sicher?»

«So wahr ich hier stehe», beteuerte Bourbaki. «Ein grässliches Untier!»

Bourbakis Begegnung mit dem «Untier» sei von der Polizei anfänglich nicht ernst genommen worden. Erst als man in den folgenden Tagen auf den Pfynwaldmatten mehrere totgebissene Schafe und Ziegen entdeckt habe, sei Gendarm Walpen der Sache nachgegangen. Er verhörte den Bauern Stefan Vogel, dessen Hund man verdächtigte. Für die meisten war damit der Fall klar. Die Schäfer forderten Schadenersatz, und die Kinder warfen mit Steinen nach Stefan Vogels Hund. Schließlich verlor z'Vogelti die Nerven. Er nahm das Gewehr, rief nach dem Hund, überquerte den Illgraben – und erschoss den Vierbeiner, seinen besten Freund. Als das Morden von Schafen und Ziegen nicht aufhörte, hieß es plötzlich: «Im Pfynwald ist ein Monster.»

Meine Großmutter erzählte aber auch andere Geschichten. Immer wieder kam es vor, dass auch meine Mutter, Onkel German, Tante Hildegard, Josefine Witschard, Oliva Grand und Marie Willa an ihrem Küchentisch saßen. Diese interessierten sich nicht für ihre Totenbücher. Wohl aber für ihr Liebesleben. Für Kinderohren war diese Art von Geschichten tabu. Bevor Maya von ihren Liebhabern erzählte und die Erwachsenen mit erwartungsfrohen Mäulern und fiebrigen Augen zusammenrückten, wurden wir Kinder zum Spielen in das kleine Wäldchen vor dem Haus geschickt. Damit war ich nicht einverstanden. Mehr als einmal horchte ich unter dem offenen Küchenfenster, wenn Maya von Leo Matter und Adolf Inderkummen erzählte, die sie beide regelmäßig heimlich besuchten. Ich verstand vieles nicht und konnte auch nicht nachvollziehen, warum die Erwachsenen immer wieder in kreischendes Gelächter ausbrachen. Aber ich schnappte doch einmal auf, dass Maya plante, mit dem verwitweten Fuhrmann Leo Matter in die «Liebesferien» zu fahren – mit dem Adolf gehe das ja nicht, der sei so geizig, dass er, um das Opfergeld zu sparen, sogar die Messe nur noch im Fernsehen schaue.

Den Leo Matter hätte ich gern zum Großvater gehabt. Unzählige Male saßen mein Bruder und ich auf dem Kutschbock neben dem weißhaarigen Mann mit dem gutmütigen Blick, der mit dem klapprigen Holzanhänger den Abfall und mit dem vornehmen schwarzen Leichenwagen die Verstorbenen des Dorfes abholte. Als ich Leo Matter auf einer dieser Abfallfahrten, die immer bei der offenen Illgraben-Deponie endeten, schöne Liebesferien mit meiner Großmutter wünschte, lächelte er kopfschüttelnd vor sich hin. Bei der nächsten Gelegenheit soll er Maya gefragt haben, ob sie die Koffer schon gepackt habe. Meine Großmutter sei hochrot angelaufen und vielleicht zum ersten Mal überhaupt sprachlos gewesen. Erst als meine Mutter mir sagte, ich dürfe doch nicht alles glauben, was die Großmutter erzähle, begann ich zu begreifen, dass Maya die Geschichte erfunden hatte. Ich war entsetzt.

Warum bloß erzählte meine Großmutter Lügen?

Und was war mit den übrigen Geschichten?

ALBINUS? ODER MARINUS?

Coelestine Zen-Ruffinen war die erste, die von jenseits des Illgrabens seltsame Laute hörte: «Es hörte sich an wie das Fauchen einer Katze, aber viel wilder und lauter.» Schulhausabwart Robert Seewer stieß im Illgrabenschlamm auf seltsame Spuren: «In den Abdruck der Krallen konnte ich meinen Finger stecken.» Fuhrmann Leo Matter glaubte an einen verwilderten Hund. Alusuisse-Arbeiter Armand Lötscher winkte ab: «Hunde hetzen ihre Beute bis zur Erschöpfung. Dieses Tier aber beißt seinem Opfer den Hals durch, saugt ihm das Blut bis zum letzten Tropfen aus, reißt ihm die Brust auf, frisst nur Herz, Lunge und Leber heraus und lässt das übrige liegen. Das ist nicht die Art der Hunde, sondern größerer Raubtiere.» – «Vielleicht sind es ja Menschenfresser!», warf der Garagist Leo Schiffmann mit maliziösem Lächeln ein.

Gemeinderat Walter Willa war der einzige, der das Tier gesehen hatte. «Es war ein großes Tier», erzählte er jedem, der es hören wollte, «länger als ein Hund, mit starken Beinen, einem Kopf wie ein Kalb, und mit gelben und schwarzen Streifen auf der vorderen Körperhälfte.»

Alles fing damit an, dass im Frühsommer 1946 innerhalb weniger Wochen im Vanoischi, in der Illalpe, im Hübschen Weidchen im Turtmanntal und im Val d'Anniviers, also in einem schwer zugänglichen Gebiet von zehn Quadratkilometern, an die fünfzig Schafe und Ziegen, ein Schwein und sogar ein Kalb gerissen worden waren. Unter den Kleinviehzüchtern der Region kam Unruhe auf, und weil sich die Walliser Kantonspolizei der Sache nur sehr zaghaft annahm, waren die Kleinbauern schnell verärgert und monierten im ‹Walliser Boten›, dass die Polizei ja auch Zeit und Personal genug habe, wenn es sich nicht um einige Dutzend Schafe und Ziegen, sondern um die Steuerformulare für die armen Bergbauern handle.

Der mysteriöse Killer schlug fast täglich weiter zu, und sehr bald schon überstieg die Zahl der gerissenen Schafe die einhundert Stück. Darauf schickte die Walliser Kantonspolizei Mitte Juli 1946 den Geheimagenten Theodor Escher nach Leuk-Susten. Heimlich untersuchte dieser den Kot des Schäferhundes von Stefan Vogel, eines anonymen Hinweises wegen. Als man darin Schafwolle fand und die Sache öffentlich wurde, sah Stefan Vogel keinen anderen Weg mehr, als seinen Hund, der im Dorf «Schaftöter» genannt wurde, zu erschießen.

Ein ähnlich trauriges Schicksal erlitt einige Wochen später der Foxterrier von Heinrich Lötscher: Die Polizei hatte den Hund zu observieren begonnen und seinen Besitzer verhört, so dass es erneut zu Verdächtigungen, Schuldzuweisungen und bösen Blicken im Dorf kam. «Lötscher erklärte», protokollierte die Polizei, «er habe seinen Hund im Rhonebett mit einem Beil erschlagen und den Kadaver zwischen zwei großen Steinen hingelegt.»

Als die Zahl der verendeten Tiere auf einhundertfünfzig angestiegen war, schickte die Polizei Patrouillen, die die Pfynwaldregion, das Turtmanntal und die Alpe Meretschi periodisch kontrollieren sollten. Dabei stieß man auf Spuren in der Größe «einer starken Männerhand», die von einem «Raubtier» stammen mussten. «Ist das sagenhafte Tier ein Luchs oder ein Panther?», fragte der ‹Walliser Bote› am 2. August 1946. Weil der Luchs seit langem ausgerottet war, kam er nicht in Frage. Aber wieso ausgerechnet ein Panther? Die plötzlich allerorts diskutierte Vermutung ging zurück auf eine im ‹Walliser Boten› verbreitete Meldung, die von einem lange verheimlichten Ausbruch von zwei Panthern aus einem Wanderzirkus in Turin berichtete. Es könne gut sein, dass diese Raubtiere aus Oberitalien ins Wallis eingewandert seien. Dankbar nahmen Schweizer und internationale Zeitungen diese Spekulation auf. «Die Panther im Wallis umzingelt?», fragte der Berner ‹Bund›, und ‹Paris Presse› sprach in einer fetten Schlagzeile vom «Monstre du Valais».

Nach Mitte August 1946 häuften sich die Sichtungen des wilden Tieres, das sein Revier vom Pfynwald aus offenbar auf das halbe Oberwallis ausgedehnt hatte. Dabei wurden so ziemlich alle Raubtiere erspäht, die das Tierlexikon hergibt. Ein Bauer aus Agarn wollte in der Alpe Meretschi einen Luchs gesehen haben. Ein Alpsenn im Turtmanntal berichtete dem ‹Walliser Boten›, er sei morgens um sechs Uhr zwei alten und drei jungen Panthern begegnet und sei so erschrocken gewesen, dass er die Besinnung verloren habe. Ins gleiche Horn blies ein Ziegenhirt aus St. Niklaus, der den Panther oberhalb der Waldgrenze gesehen hatte. Anna Ruff und ihre Schwester Mathilde Hosennen sammelten in den Wäldern oberhalb Törbel Föhrennadeln, als sie plötzlich in unmittelbarer Nähe «eine unbekannte Tierstimme» hörten, in die sich das Plärren eines Lammes mischte. Leider konnte die mutige Mathilde Hosennen, die in die Richtung des Schreis lief, in der fahlen Abenddämmerung nur noch das «graue und ziegengroße Hinterteil» des Tieres sehen.

«An dieser Stelle packt das Raubtier zu», demonstriert Albinus
Jerjen, Präsident der Jagdgesellschaft Diana Leuk, der ‹Schweizer
Illustrierten Zeitung›

Die Panthergefahr wirkte sich sehr schnell auf den Walliser Tourismus aus. In einem offenen Brief machten Kur-
direktoren und Hoteliers die Walliser Regierung darauf
aufmerksam, dass die schweizweite Berichterstattung über
die Panthergefahr ihrem Geschäft schade. Sie habe bereits
dazu geführt, dass im letzten Sommer ein über den Simplon fahrendes Auto mit indischen Herrschaften auf einen
Aufenthalt im «Lande des wilden Tieres» verzichtet habe.
«Wir wissen aus eigener Erfahrung», schließt der sanfte
Protest, «dass viele Miteidgenossen ihre Sommerferien
lieber anderswo als im pantherverseuchten Oberwallis
verbringen wollen.»

Anfang September 1946 verbreitete der ‹Walliser Bote› unter dem Titel «Die Bestie vom Meretschi» eine neue Theorie: Ein Panther sei es nicht und auch kein Luchs, sondern ein tibetanischer Tiger. Verschiedene glaubwürdige Augenzeugen hätten das Tier erblickt und gesagt, es sei gestreift, schwarz-gelb bis weiß-gelb. Dass gewisse Augenzeugen ein schwarzes Tier gesehen hätten, erkläre sich daraus, dass wahrscheinlich nicht nur ein Tigerpaar vorhanden ist, sondern noch ein Junges. «Anlass zur Angst für die Bevölkerung besteht trotzdem nicht, da der tibetanische Tiger den Menschen nicht angreift.»

Die Blutspur des «Monsters» zog im Herbst 1946 immer weitere Kreise im eidgenössischen Blätterwald. Von allen Seiten wurde die Walliser Kantonspolizei mit Theorien, Hilfsangeboten und Ratschlägen eingedeckt. Jäger boten «gegen angemessene Bezahlung» ihre Dienste an, Fallenbauer priesen ihre neuesten Erfindungen. Ein Erfinder schlug vor, einzelnen Schafen «Bandagen um den Hals zu binden, die mit einer starken, sehr giftigen Lösung durchtränkt sind (z. B. Zyankali)». Der in der Westschweiz lebende Graf und Großwildjäger von Prorok empfahl den Einsatz von Bluthunden von Scotland Yard. Der Zürcher E. R. bot «einen Höchstpreis für das oder die Raubtiere, lebend oder tot». Ein Neuenburger, der dreizehn Jahre als Cowboy in den USA gelebt hatte und sich «Montana Bill» nannte, empfahl, einen Zirkuspanther samt Käfig im Pfynwald auszusetzen und damit die anderen Panther anzulocken. «Heute habe ich wieder eine starke Reaction in den Nerven», schrieb ein Pendler aus Küsnacht, «die Tiere befinden sich in den Felsen des großen Grates an der Quelle des Flüsschens des Val de Nendaz.» Ein Freiburger Wünschelrutengänger, der sich rühmte, Erdbeben voraussagen zu können, kam zum Schluss, dass es sich bei den Untieren um Schlangen von zwei Metern Länge handelte, die tagsüber tief im Gestein schliefen und nach Mitternacht auf die Jagd gingen.

Auf das ein und andere Angebot ging der Kanton Wallis ein: Der Ostschweizer Jean Billeter durchstreifte mit seinem russischen Windhund «Lassie von Novosibirsk» die Pfynwaldregion, die Alpe Meretschi und das Turtmanntal, der erfahrene Basler Jäger Hans Jeker machte eine Expertise vor Ort, in der er zum Schluss kam, «dass im Spätherbst, wenn die Alptiere abziehen, sogar die Menschen gefährdet sind».

Weil keine der Bemühungen zum Erfolg führte und die Kantonspolizei in der Sache zunehmend unter Druck geriet, entschied sich Gendarmeriekommandant Gollut für eine neue Strategie. Er setzte eine Abschussprämie von dreihundert Franken auf den Kopf des Untiers aus und verpflichtete den in Yverdon lebenden Dompteur und Großwildjäger Fernando Baese. Der sechzigjährige Tscheche, der für den Hamburger Tierpark Hagenbeck und den Zirkus Knie in Afrika und Asien Raubtiere gefangen hatte, erhielt den Auftrag, die Raubtiere zu erlegen oder einzufangen. «Es handelt sich also jetzt um einen wirklichen Sachverständigen», atmete der ‹Walliser Bote› erleichtert auf.

Im September 1946 schlich der Großwildjäger Fernando «mit einem weittragenden Gewehr bewaffnet» einige Tage lang durch den Pfynwald. In seinem Schlepptau folgten der ebenso bewaffnete Gendarmeriekommandant Gollut und eine kleine Schar von Polizisten, die beobachteten, wie der weißhaarige Mann mit den viel zu weiten Hosen und den ledernen Gamaschen Spuren untersuchte, seine Ohren spitzte und immer wieder von neuem seltsame Laute von sich gab. Safari im Pfynwald. Im Epizentrum der Pantherangst.

Beim Grechtschablenhubel unterhalb des Vanoischi hatte Fernando das Rätsel um das Monster im Pfynwald gelöst. «Es war zwanzig Minuten nach drei», erzählte er später der ‹Schweizer Illustrierten Zeitung›, «da habe ich am helllichten Tag die Stimme des Panthers zum ersten Mal gehört. Es war der Schrei eines jungen Panthers, der seine Mutter ruft. Ganz kurz sah ich diesen dann auch, aber nur bei einem blitzartigen Sprung. Nun ist kein Zweifel mehr möglich.»

Gendarmeriekommandant Gollut war erleichtert, dass nun endlich konkrete Resultate vorlagen. Fernando Baese war der richtige Schachzug gewesen. Mit ein bisschen Glück würde die leidige Angelegenheit in ein paar Wochen schon vergessen sein. Gegenüber der Presse bestätigte der oberste Walliser Polizist Fernandos sensationelle Entdeckung im Pfynwald. «Doch hält Kommandant Gollut seinerseits dafür», berichtete die ‹Neue Zürcher Zeitung›, «dass die Farbe des Fells eher auf einen Puma schließen lasse, also auf einen als besonders blutdürstig bekannten Vertreter des Katzengeschlechtes.»

Nach der Identifizierung der Raubtiere ging es im zweiten Schritt um deren Gefangennahme. Aus Afrika und Asien wisse er, führte Fernando selbstbewusst aus, dass spezifische Raubtierfallen für die Pantherjagd viel effizienter seien als die Treibjagd. Deshalb schlug er den Behörden die Installierung einer Serie von Fallen mit lebenden Ködern vor, die helfen sollten, die Pantherfamilie möglichst schnell und lebend einzufangen. «Ich kann Ihnen garantieren», schrieb er an Gendarmeriekommandant Gollut,

In dieser Nummer:
Der 1. Oktober in Nürnberg

Vom Lokomotivführer zum Premierminister
Auf den Spuren des wilden Tieres im Oberwallis
Ich war der Verräter von Genshagen

4farbige Beilage
Was kann ich für mein Geld kaufen?

Panthergefahr oder Pantherschreck im Oberwallis?

Nr. 41 Preis 40 Rp.

Der Großwildjäger Fernando und seine Pantherfalle.
Titelgeschichte der ‹Schweizer Illustrierten Zeitung›, 9. Oktober 1946

«dass ich mindestens einen der Panther fangen werde. Und bewahren Sie meine Briefe gut auf, denn der Tag wird kommen, an dem Sie sehen werden, dass meine Voraussagen eingetroffen sind.» Erleichterung machte sich breit. Jetzt

23

konnte es nur noch eine Frage der Zeit sein, bis der Spuk vorüber war.

Nach Fernandos Plänen wurden in Windeseile über vierzig Käfige und Fallen gebaut und in den schwer zugänglichen Steilhängen des Vanoischi, in der Alpe Meretschi, an den Abgründen des Illgrabens und im oberen Pfynwald aufgestellt. Einheimische Bauern stellten Schafe und Ziegen zur Verfügung, die in die Käfige gesperrt wurden und die Panther anlocken sollten. Auf dem auf 2485 Metern gelegenen Illpass, der direkten Verbindung vom Val d'Anniviers in den Pfynwald, wurde ein Wachtposten installiert, der Tag und Nacht besetzt war.

Journalisten und Fotoreporter aus der gesamten Schweiz reisten an. Aus Zürich und Lausanne wurden Raubtierkäfige nach Leuk-Susten gebracht, um «die umzingelten Panther», so der Berner ‹Bund›, «sofern sie lebendig gefangen werden, darin versorgen zu können». Bis auf die Titelseite der ‹Schweizer Illustrierten Zeitung› schaffte es der bewunderte Großwildjäger. In einem bebilderten «Tatsachenbericht» erklärte Fernando den Leserinnen und Lesern, wie der Schließmechanismus einer aus Holzbrettern gezimmerten großen Käfigfalle funktionierte, die an jener Stelle im Illgrabenboden eingesenkt und mit Laubwerk getarnt werden sollte, wo er den jungen Panther gesichtet hatte.

Als alle Fallen installiert waren, erklärte Fernando den Pfynwald, das Vanoischi, die Alpe Meretschi, die Steilhänge des Gorwetsch und den oberen Illgraben zur «Zone des Schweigens», die ohne seine ausdrückliche Erlaubnis nicht betreten werden durfte. Einer der wenigen, die das abgeriegelte Gebiet besuchen durften, war der Journalist Hans Beerli. Der Korrespondent der ‹Neuen Zürcher Zeitung› war mehr als erstaunt, als ihn ein einheimischer Jäger durch «die Zone des Schweigens» führte:

In den steilen Abhängen des Vanoischi stoßen wir auf die oberste, mit lebenden Ködern versehene Falle. Beim Nähertreten glauben wir uns in die Welt der Bremer Stadtmusikanten versetzt; denn in das Gegacker von Hühnern, die in einem aus Steinen und Holz hergestellten Käfig eingeschlossen sind, mischt sich das «Iah» eines armen Esels, der sich in seinem anschließenden Gefängnis offenbar nicht wohler fühlt als die Versuchstiere im Rumpf der Kriegsschiffe vor Bikini. Da die Raubtiere auch auf Fische versessen zu sein scheinen, hat man ihnen solche in einem Wassertümpel als Lockspeise dargeboten: doch sind sie verendet, bevor sie ihre Mission erfüllen konnten. In den übrigen Fallen, von denen sich eine über dem Bachbett des Illgrabens und eine andere in dessen Ausgang befindet, dienen lebende Ziegen als Köder.

Fast täglich wurde in irgendeiner Zeitung über «den Endfeldzug gegen die Panther» berichtet. Neben der Berichterstattung über den Staatsbesuch des englischen Premierministers Winston Churchill, den Diskussionen um die Einführung der Alters- und Hinterbliebenenversicherung (AHV) und den Lobgesängen auf den neuen Kinofilm ‹Tarzans Triumph›, einen «prächtigen Dschungelfilm von aufregender Spannung» – mit Johnny Weissmüller und dem Schimpansen Cheeta –, war die «Pantherjagd im Pfynwald» über Wochen ein Dauerbrenner in den Schweizer Zeitungen.

«Seitdem die berühmte Seeschlange aus den Spalten der

Zeitungen verschwunden ist», so die ‹Neue Zürcher Zeitung›, «hat sich bei uns wohl kaum ein Thema zu einer so ständigen Rubrik entwickelt wie die Geschichte von den geheimnisvollen Raubtieren im Wallis.» In den ‹Basler Nachrichten› meldete sich Professor Dr. Heini Hedinger zu Wort. Das Tier könne ja nichts für seine Art oder Unart, sich sein Fleisch vom Lebenden zu holen, schrieb der Direktor des Zoologischen Gartens und bat die Walliser Jäger, den oder die Panther nicht einfach abzuknallen, sondern möglichst lebend einzufangen. «Ein Asyl mit Gratisunterkunft und Verpflegung», so Hedinger, «wäre ihm im Basler Zoo sicher. Er könnte hier zu einer besonderen Attraktion werden.»

Alles Abwarten nützte nichts. Keiner der Panther ging Fernando in die Falle. Der sicher geglaubte Jagderfolg blieb aus, und das Morden ging weiter. «Zwölf erwürgte Schafe im Turtmanntal» meldete der ‹Walliser Bote› Anfang Oktober 1946. Kurz darauf – die gesömmerten Tiere waren wieder im Tal – meldete die Zeitung, das «wilde Tier» sei erstmals in unmittelbarer Nähe bewohnter Siedlungen gesichtet worden. «Es ist keine Überraschung, dass das Untier nun in die Talsohle steigt, um Nahrung zu holen.»

In den ersten zwei Oktoberwochen des Jahres 1946 meldeten sich zahlreiche Oberwalliser bei der Kantonspolizei und gaben an, einen oder mehrere Panther gesehen zu haben. «Damit betritt das Tier», so der Walliser Schriftsteller Maurice Zermatten, «nun auch das Reich der menschlichen Einbildung.» Der Sündenbock für den Misserfolg war schnell gefunden: Fernando Baese. Der Wundermann, der sein Können auf seinem Briefpapier als «große und sensationelle Attraktionen» anpries, wurde zur Witzfigur. Seine Tierfallen seien lächerlich, war man sich jetzt im

Oberwallis einig. Das Vanoischi sei nicht der afrikanische Dschungel, wetterten die Kleinbauern, die vom Kanton nun Soldaten forderten, die das Gebiet zwischen Pfynwald und Turtmanntal durchkämmen sollten. Die Basler ‹National-Zeitung› bezeichnete Fernando, der für seine Arbeit vom Kanton Wallis dreihundertzwölf Franken kassiert hatte, als den «Sherlock Holmes vom Pfynwald», die ‹Tribune de Lausanne› lästerte, dass es «im Wallis eine Pantherpsychose und beträchtliche Anzahl von Tartarins» * gebe, und ein Leserbriefschreiber im Berner ‹Bund› spottete, dass der Fendant des Jahres 1945 derart exquisit sei, dass er im Wallis zu besonderen Phantasien anrege.

Nach Fernandos unrühmlichem Abgang wurde auch dessen Pantherthese immer mehr in Frage gestellt. Polizeikommandant Gollut geriet unter massiven Druck. Politiker aller Schattierungen sägten an seinem Stuhl. Was aber sollte er tun? Eine andere Möglichkeit als eine große Treibjagd schien es nicht zu geben. In der Morgenfrühe des nasskalten 12. November 1946 versammelten sich auf dem Bahnhof von Leuk einhundertfünfzig Jäger und Polizisten, die von Gollut in zwei Gruppen aufgeteilt wurden. Die größte Treibjagd in der Geschichte der Region Leuk zog los. Die eine Gruppe sollte von Gruben aus das Turtmanntal durchkämmen, dort mehrere Übungsgranaten abfeuern und die Raubtiere über die Illseegegend und die Alpe Meretschi ins Vanoischi gegen den oberen Illgraben treiben, wo erfahrene Schützen auf der Lauer lagen. Die

---

* Der Held von Alphonse Daudets 1872 erschienenem Roman ‹Aventures prodigieuses de Tartarin de Tarascon› ist ein prahlerischer und zugleich naiver Bewohner der Provence, der der Jagdleidenschaft frönt, zum Erstaunen aller aus Afrika ein Löwenfell nach Hause bringt, das – was niemand weiß – von einem blinden und zahmen Löwen stammt, den er irrtümlich erlegte.

andere Gruppe sollte vom unteren Pfynwald her auf die gleiche Weise gegen das Vanoischi vorrücken und auch dort Petarden abfeuern.

Das schlechte Wetter machte Polizisten und Jägern zu schaffen, besonders den im Illgraben auf der Lauer liegenden Schützen, die, so der im Pfynwald vertretene Berner ‹Bund›, «durch das andauernde Himmelsnass bis auf die Knochen erweicht worden waren». Als einige von ihnen die Barrage de feu vorzeitig verließen, bekam Kommandant Gollut einen Tobsuchtsanfall und drohte mit Konsequenzen. «Die Walliser Panther», bilanzierte der ‹Bund› nach zwei Tagen intensiver Treibjagd, «tragen heute abend immer noch das Fell auf ihrem Leibe; nicht nur die wildromantische Natur dieses Fleckens der Walliser Erde ist ihnen zu Hilfe gekommen, sondern auch Petrus selbst mit Regen und Nebel.»

Weil man in den Wochen nach der Treibjagd auf keine neuen Spuren der wilden Tiere stieß, deutete der erleichterte Gendarmeriekommandant Gollut die misslungene Treibjagd in einen Erfolg um. «Vermutlich», folgerte der höchste Walliser Polizist, «haben wir die Pantherfamilie vertrieben, und sie ist in wärmere Regionen abgezogen.» Das Oberwallis atmete auf.

Mit der Ausschreibung eines «Panther-Witzwettbewerbs» versuchte Peter von Roten, der findige Redaktor des ‹Walliser Boten›, einen humoristischen Schlussstrich unter die Angelegenheit zu ziehen. Aus der Fülle der Einsendungen wählte von Roten die originellsten aus und publizierte sie im Januar 1947 auf einer «Panther-Seite»:

Drei Salgescher beklagen sich in der Bahn über die Pantherplage. Einer sagt zum andern: «Der Panther sollte seinen Raubzug nach Sitten verlegen!» – Ein Coupé weiter vorne sitzt der Stadtpräsident von Sitten, und er ruft den Salgeschern zu: «In Sitten haben wir keine Geißen und Schafe.» – Schlagfertig gibt der Salgescher zurück: «Der Panther nimmt Kälber auch!»

Einen Monat später war die Pantherjagd ein beliebtes Sujet in der Oberwalliser und kurz darauf auch an der Basler Fasnacht. Im Umzug von Leuk wurde die auf einem Pferdefuhrwerk installierte Panther-Kanone «Dicke Bertha» vorgeführt, die Jagd auf das gefräßige Raubtier machte, das Jäger und Kleinbauern unter der Anleitung von Dompteur Viktor Matter einzufangen versuchten.

Am 8. April 1947 war das Geheimnis um das sagenhafte «wilde Tier» scheinbar endgültig und unmissverständlich geklärt: Der schon länger verdächtigte Hund eines gewissen F. X. aus Visp sei für die Raubzüge in den Oberwalliser Schaf- und Ziegenherden verantwortlich, meldete der ‹Walliser Bote›. Mit einem nicht gerade zimperlichen Experiment war der verdächtigte Hund überführt worden. In Anwesenheit von Fachleuten und der Polizei wurde der Hund auf eine Schar Schafe losgelassen. Der Versuch gelang vollständig und überzeugend, und der Hund, kaum losgelassen, stürzte sich auf ein Schaf, biss es zu Tode und brachte ihm genau jene Verletzungen bei, die man an den Opfern immer festgestellt hatte. «Nun ist das Schreckgespenst niedergeknallt», triumphierte der ‹Walliser Bote›, «und der Zähneschlotter unserer lieben Freunde jenseits des Lötschbergs dürfte nun weiterhin ganz unberechtigt sein.» Endlich war wieder Ordnung im Land.

Die Idylle währte genau zwei Wochen. Am 22. April kam es in der Nähe von Leukerbad erneut zu Massakern an Schafen und Ziegen. Oberhalb von Törbel, auf der anderen Seite des Haupttals, entdeckten Dorfbewohner am 13. Mai die Kadaver von zwölf Schafen, «zwei waren fast vollständig aufgefressen», und am 29. Juli meldete der ‹Walliser Bote› mit fettgedruckten Lettern, dass der «Panther zum ersten Mal aus 40 Meter Entfernung gesichtet» worden sei. Das Katz-und-Maus-Spiel begann von neuem. In Salgesch, der Alpe Meretschi und im Turtmanntal wurden Schafe, Ziegen und ein Kalb – liest man am 5. August 1947 – «tot und in zerfetztem Zustand aufgefunden».

Gendarmeriekommandant Gollut und seine Mannen mussten eins ums andere Mal ausrücken und kamen doch nicht entscheidend weiter. Das wilde Tier vom Pfynwald war und blieb ein Phantom, das die Walliser Kantonspolizei und zahllose Jäger an der Nase herumführte. Wo war der Jäger, der diesem Höllenspuk ein Ende setzen konnte? «Nur ein Wilderer», war ein Leserbriefschreiber aus dem Oberwallis überzeugt, «wird uns vom Panther befreien können!» Gollut erhöhte die Belohnung auf fünfhundert Franken.

Der erlösende Schuss fiel am 26. November 1947 um 21.30 Uhr in der Nähe des Oberwalliser Bergdorfs Eischoll. Das Monster aus dem Pfynwald war sofort tot. Der Krimi aber geht weiter: Zwei Stunden nach dem nächtlichen Schuss wurde der zehnjährige Marcel Brunner von der knarrenden Tür geweckt. Er fuhr auf, als sein lediger Onkel in die Stube trat, wo der Bub sein Nachtlager hatte.

Diesem folgte der schwer atmende Vater Marinus, der ein größeres Tier auf seinen Schultern trug. Als der Vater das Tier auf eine von Onkel Theodor auf dem Fußboden ausgebreitete Decke legte, war Marcel plötzlich hellwach und sprang aus dem Bett.

«Was ist das?», fragte er die beiden Männer.

«Wir wissen es nicht genau», antwortete der Vater.

«Ein Panther ganz sicher nicht», meinte Onkel Theodor.

Gemeinsam untersuchten die beiden Männer und der Bub das noch warme Tier, das ein dickes, von verschiedenen Braunabstufungen durchsetztes Fell hatte, einen weit aufgerissenen Rachen, aus dem eine lange und blutige Zunge heraushing, und ein starkes Raubtiergebiss mit dolchartigen Eckzähnen.

«Es könnte ein Wolfshund sein», vermutete Onkel Theodor.

«Wir dürfen jetzt keinen Fehler machen», sagte der Vater mit ernstem Blick und wandte sich an seinen Sohn. «Marcel, geh und wecke Onkel Franz und den Albinus!»

Der Bub stieg unverzüglich in seine Kleider und hastete zu dem keine hundert Meter entfernten Haus des Onkels. Eine Viertelstunde später standen die vier Männer und der Bub um das erlegte Tier. Franz Brunner und sein Sohn Albinus bestaunten die Kreatur. Kurz darauf saßen die vier Männer um einen alten Walliser Tisch.

«Bub, bring vier Gläser und den Schnaps», befahl Marinus Brunner seinem Sohn Marcel.

«Vorletzte Nacht schon habe ich in der Nähe meines Stalls zwei größere Tiere gesehen», begann Marinus Brunner. «Gierig haben sie Schlachtabfälle verzehrt, die ich kurz zuvor in die untere Wasserleitung geworfen hatte.»

«Am andern Morgen», fuhr Theodor Brunner fort, «hat mir Marinus von der Sache erzählt und mich gebeten, Gewehr und Munition bereitzustellen.»

«Ich war überzeugt», sagte Marinus, «dass ich die seit langem gesuchten wilden Tiere gesehen habe. Und weil ich unbedingt die fünfhundert Franken Belohnung wollte, durfte niemand davon erfahren.»

«Und was ist mit dem zweiten Tier?», fragte Franz Brunner seinen Schwager Marinus.

«Nach meinem ersten Schuss verschwand es im Wald.»

Einen Augenblick lang war es still. Theodor Brunner nutzte die Gelegenheit, griff nach seinem Schnapsglas, und stumm stießen die Männer mit dem Selbstgebrannten an. Der zehnjährige Marcel drehte sich immer wieder nach dem wilden Tier um, das leblos auf dem Fußboden lag. Was für ein Raubtiergebiss! Der Bub war ungeheuer stolz auf seinen Vater.

«Es gibt nur ein Problem», wurde Marinus Brunner plötzlich sehr ernst und blickte seinen Schwager Franz an.

«Ich habe kein Jagdpatent und befürchte, dass die in Sitten mir deshalb die Belohnung nicht geben.»

«Das glaube ich nicht», schüttelte Franz Brunner seinen Kopf, «die werden froh sein, dass eines der Monster nun erlegt ist, und beide Augen zudrücken.»

«Das ist mir zu riskant», entgegnete Marinus. «Fünfhundert Franken sind viel Geld. Und die dürfen mir nicht durch die Lappen gehen.»

«Was willst du tun?», fragte Franz Brunner.

Einen Moment lang war es still. Schließlich ergriff erneut Theodor Brunner das Wort. «Könnte nicht der Albinus in der Öffentlichkeit als Schütze auftreten? Er ist der einzige von uns, der ein Jagdpatent hat.»

Mit einem Mal richteten sich alle Augen auf den stumm und schläfrig dasitzenden Albinus.

«Wie soll das gehen?», fragte Franz Brunner anstelle seines Sohns, dessen Augen plötzlich sehr weit offen standen.

«Ganz einfach», erklärte Theodor Brunner. «Morgen früh werden wir das tote Tier an eurer Kellertür aufhängen, die Polizei anrufen und sagen, dass Albinus der Schütze gewesen sei.»

«Und die Belohnung?»

«Die wird Albinus entgegennehmen und dem Marinus bringen.»

Einen kurzen Augenblick dachte Franz Brunner nach. «Von mir aus. Aber der Albinus muss auch einverstanden sein.»

Wieder drehten sich alle Köpfe zum dreißigjährigen Albinus, der verlegen in die Runde blickte.

«Tust du mir den Gefallen?», fragte Marinus.

«Nun sag schon!», forderte Franz Brunner seinen Sohn auf.

Albinus war klar, dass er nicht nein sagen konnte.

«Einverstanden», flüsterte er schließlich unterwürfig.

Für Albinus die Ehre, für Marinus das Geld.

Die Sache war beschlossen und musste geheim bleiben.

Am frühen Morgen des 27. November 1947 wurde das erlegte Tier von Marinus, Franz und Albinus Brunner mit zwei Nägeln an der Kellertür jenes Hauses aufgehängt, in dem Albinus Brunner wohnte. Das halbe Dorf traf sich kurz darauf vor dieser Tür, um den Kadaver zu bestaunen. «Der Panther ist tot!», skandierten die zur Schule eilenden Kinder. «Wir wussten zwar nicht, um was für ein Tier es sich genau handelte», erzählt ein Zeitzeuge sechzig Jahre später, «aber wir waren fast ein bisschen enttäuscht, dass es nicht ein Menschenfresser oder ein Werwolf war.»

Schließlich wurde das Tier abgenommen, in einen Leiterwagen verladen und, begleitet von einem Umzug von Neugierigen und Kindern – die Schule fiel an jenem Morgen kurzfristig aus –, zur Luftseilbahn gebracht, die hinunter ins Tal nach Raron führte. Hier wartete Dorfpolizist Murmann mit seinem Dienstwagen, mit dem er den Kadaver und den Schützen Albinus Brunner unverzüglich auf die Hauptwache der Walliser Kantonspolizei chauffierte. Die Aufregung in Sitten war groß. Kantonstierärzte und Jäger untersuchten das erlegte Tier und waren sich erst nicht sicher, ob es sich um einen verwilderten Deutschen Schäferhund oder um einen Wolf handle. Erst die genauere Untersuchung schaffte Klarheit: Der ausgemergelte Wuchs des Tiers, sein starkes Raubtiergebiss, die überaus markanten Eckzähne, der große Schädel, die starke Hals- und Kiefermuskulatur, die Schräglage der Augen sowie der dichtere, abfallende Schwanz sprachen ganz eindeutig für einen Wolf.

Die Nachricht vom erlegten Wolf ging durch schweizerische und internationale Zeitungen. «Ein junger Arbeiter schießt den Wolf tot», meldete die ‹Tribune de Lausanne› in fettgedruckten Lettern, und auch die ‹Neue Zürcher Zeitung› feierte den vorgeschobenen Schützen: «Mit einem wohlgezielten Schuss gelang es Albinus Brunner, eines der wilden Tiere zur Strecke zu bringen.» Das Foto vom kleingewachsenen Lonza-Arbeiter Albinus Brunner mit dem toten Wolf auf den Schultern fand schnelle Verbreitung. Die französische Zeitung ‹France-Dimanche› titelte: «Mit schlotternden Knien tötet ein Schweizer Jäger das Monster

«Albinus Brunner, der Schütze, mit seinem Opfer, einem einhundertsiebenundzwanzig Centimeter langen und achtzig Centimeter hohen Wolf von 43 Kilogramm Gewicht», ‹Feuille d'avis de Lausanne›, 28. November 1947

im Wallis». Natürlich stimmte auch der ‹Walliser Bote› in den Jubel ein – «Albinus Brunner aus Eischoll hat uns vom Ungeheuer befreit» – und sah im großen Jagderfolg auch einen kleinen Triumph über die ewig lästernden «Grüezini»: «Nun sind alle Gerüchte doch bestätigt, und alle Spottreden der Außerschweizer fallen auf sie selbst zurück.»

Gendarmeriekommandant Gollut war über alle Maßen erleichtert, gratulierte dem Schützen im Namen der Kantonspolizei und überreichte ihm die fünfhundert Franken Belohnung. «Das Geld», erzählt der heute siebzigjährige

Marcel Brunner, «hat er am selben Abend noch meinem Vater Marinus übergeben.»

Einer der vier nächtlichen Verschwörer hielt sich nicht an die vereinbarte Geheimhaltung. Sehr bald schon kursierten in Eischoll erste Gerüchte, dass nicht der Albinus, sondern der Marinus den Wolf erlegt habe. Im ‹Walliser Boten› erschien eine kleine Hymne auf den Wilderer Marinus:

Der Wolf ist tot

Der Wolf ist tot! Der Wolf ist tot!
Vorbei ist unsere Schafesnot!
Zutod hat ihn der Marinus g'streckt,
von selbst ist er doch nicht verreckt!

Nun hat der Spott ein End' gefunden,
Die Schmalviehherden können g'sunden.
Es lebe hoch der Braconnier*,
der schoss zutod das wilde Tier!

Albinus oder Marinus? Der Neffe oder der Onkel? Das war die Frage, die man sich an vielen Oberwalliser Stammtischen stellte. Am 2. Dezember 1947 stellte der ‹Walliser Bote› klar, dass Albinus Brunner der Schütze gewesen sei. Kein einziger Bewohner Eischolls könne sagen, jemals Marinus Brunner mit einem Gewehr gesehen zu haben. Begreiflich, dass er dagegen protestiere, dass man ihn sogar einen Wilderer nenne, ihn, den friedlichen Armeesanitäter.

---

* Französisch für Wilderer.

36

Die widersprüchlichen Meldungen bewirkten eine polizeiliche Untersuchung der Abschussgeschichte. Dabei stellte sich schnell heraus, dass Marinus Brunner den Wolf erlegt hatte. Genüsslich berichtete die ‹Tribune de Lausanne› über diesen letzten Akt der «Tragikomödie» um die wilden Tiere im Wallis. «Hoffentlich erweist sich der Kanton Wallis als großmütig und klagt den wahren Schützen nicht der Wilderei an.»

Das tat man wohlweislich nicht. In Sitten wurde der Fall diskret ad acta gelegt und nicht weiter untersucht. Gendarmeriekommandant Gollut hatte genug schlaflose Nächte hinter sich. In der Walliser Presse erschienen keine weiteren Berichte über die wahren Hintergründe des Wolfabschusses. Offensichtlich wollte man sich weitere peinliche Schlagzeilen ersparen. Albinus Brunner war und blieb nach offizieller Darstellung der gefeierte Schütze. Auch in Eischoll hielt man sich mehr oder weniger an diese Version, womöglich aus Rücksicht auf die beiden Hauptakteure der Geschichte, die sich zeit ihres Lebens an ihre Abmachung hielten. Nur im kleinen, vertrauten Kreis, erinnern sich Zeitzeugen, konnte es vorkommen, dass Marinus Brunner die wahre Geschichte des Wolfabschusses erzählte. Nie aber hätte er sich in der Öffentlichkeit dem Albinus gegenüber illoyal verhalten.

Zwei Tage nach dem Abschuss bestätigten die Untersuchungen des Naturhistorischen Museums Genf, dass es sich bei dem wilden Tier um einen jungen männlichen Wolf handle, eineinhalb Jahre alt und vermutlich im Wallis geboren. Dies wiederum konnte bedeuten, dass die Eltern des erlegten Wolfes nach wie vor im Wallis unterwegs waren und die Jagd noch lange nicht zu Ende war. «Von den Bergen her», scherzte Maurice Zermatten, «hört man jetzt jede Nacht das Geheul der betrübten Eltern.»

Weil es keine weiteren Schäden mehr gab, konnte Polizeikommandant Gollut ein Jahr nach dem Abschuss die Wolfsakte definitiv schließen. Entweder, so mutmaßte er, hatten die anderen Wölfe das Wallis verlassen oder waren von Wilderern heimlich abgeschossen oder mit vergifteten Ködern getötet worden. Wie es sich genau verhielt, war bedeutungslos. Gollut war beides recht. Hauptsache, er war nicht mehr im Schussfeld der Kritik.

Im Herbst 1948 war der Wolf von Eischoll ausgestopft und wurde – begleitet von der Kamera der ‹Schweizerischen Filmwochenschau› – ins Naturhistorische Museum Sitten überführt, wo ihn bis heute Generationen von Walliser Schulkindern bestaunt haben. «In einem wohlgeordneten Staat», stellte der Sprecher am Schluss des ‹Wochenschau›-Berichts klar, «können wilde Tiere nur in Vitrinen geduldet werden.»

GOLD

Es ist nicht gut, den Boden der Schatulle zu sehen. Randvoll muss sie sein, und sie sollte es am besten immer bleiben. Wer den Boden sieht, das wusste Ferdinand von Werra aus eigener Erfahrung, spürt die Geier im Nacken. Als der Vater starb, war nichts mehr da. Nur noch das kleine Landschloss im Leukergrund, in dem der Stuck von den Wänden bröckelte und der Wind durch alle Ritzen pfiff. «Du musst in fremde Dienste», rieten die Verwandten, «Karriere in einem ausländischen Heer machen, mit einem Titel und einer Pension in die Heimat zurückkehren.» Bloß das nicht, dachte Ferdinand und ersann einen Plan, der seine Schatulle überquellen lassen sollte.

Als erstes reiste er, knapp zwanzig Jahre alt, 1790 nach Wien zu seinem wohlhabenden und kinderlosen Onkel Johann Julier von Badenthal. Dieser nahm ihn bei sich auf und ließ ihn Jura studieren. Nach erfolgreichem Abschluss kehrte Ferdinand vier Jahre später ins Wallis zurück und nahm Kurs auf die volle Schatulle des Briger Barons Kaspar Jodok von Stockalper.

Der zweite Schritt seines Plans war genauso verwegen wie tollkühn: Ohne Einwilligung ihres Vaters wollte Ferdinand Margaretha von Stockalper heiraten. Weil der Vater den Familienbesitz seinen männlichen Nachkommen vermachen wollte, drohte der jungen Frau ein Leben hinter Klostermauern. Mit

Hilfe des verschlagenen Anwalts Anton Maria Augustini machte Ferdinand der von der Welt abgeschirmten Margaretha, die er aus seiner Jugend kannte, Avancen. Am 20. April 1795 lockte er sie in eine Wohnung unweit des Stockalperpalasts in Brig, wo der verkleidet angereiste Pfarrer von Leuk wartete. Als Margaretha, die laut Augustini «nicht schöne und nicht spitzfindige sey», zögerte, empfahl Augustini seinem Freund, «dass er alles Schmeicheln und Drohen kehrwyse anwende». Ferdinand mimte daraufhin den schmachtenden und sich vor Leidenschaft verzehrenden Liebhaber. Augustini berichtet: «‹Herzliebste›, sagte Herr Ferdinand. ‹Habt Ihr das Herz, mich unglücklich zu machen., etc. etc. etc.›, und warf sich ihr zu Füßen und weinte. Dann war sie gerührt, kniete sich nieder und begehrte den ehelichen Segen und sie wurden zusammengegeben.»

Nach der Zeremonie legte Augustini den Brautleuten den Ehevertrag vor, wonach «die Braut ihrem Bräutigam alles und jedes schenkt und gibt». Als Margaretha unterzeichnete, war Ferdinand am Ziel. Der Frischvermählte war mit einem Fuß schon über der Türschwelle, als Augustini ihm nacheilte und ihn beiseitenahm. «Nämlich ich rathete Herr Ferdinand, augenblicklich die Ehe zu consumieren, welches geschah, und er brachte ihren eigenhändigen Schein davon mit sich zurück, wie ich ihm aufgetragen hab. Indem ich aber nach gemachter Ausforschung noch zweifelte, utrum matrimonium fuerit vere consumatum (ob die Ehe wirklich vollzogen worden sei), schickte ich ihn noch einmal zu diesem Ziehl zurück und es geschah.»

Fünf Tage nach der geheimen Hochzeit starb der alte und kranke Baron von Stockalper, ohne von der Heirat seiner Tochter erfahren zu haben. Mit einem kurzen Brief setzte Ferdinand Werra die Familie Stockalper ins Bild. Das Entsetzen in Brig war groß, und mit allen zur Verfügung stehenden Mitteln versuchte man, den Ehebund zwischen Margaretha und Ferdinand für ungültig zu erklären. Als sich Margaretha auf Druck der Familie von Ferdinand lossagte und diesen wissen ließ, dass sie nichts mehr mit ihm zu tun haben wolle, zweifelte Ferdinand am Gelingen seines Plans. Augustini konnte darüber nur lachen. «Oh einfältige Tropfen in Brig», rief er aus, eilte in den Stockalperpalast und erklärte, die Ehe sei gültig, weil bereits konsumiert. Augustinis Erklärung ließ im Stockalperschloss Panik ausbrechen. Jetzt konnte nur noch der Beichtvater helfen, der Margaretha so schnell wie möglich «über den Beyschlaff ausforschen» sollte. Als sie diesen bestätigte, war nichts mehr zu machen. Er solle zur Erbteilung kommen, wurde Ferdinand kurz darauf brieflich mitgeteilt.

Zwei Jahre nach der geheimen Hochzeit erbte Ferdinand von seinem Onkel Julier von Badenthal fünfhunderttausend Gulden und zwei stattliche Herrenhäuser auf dem Hohen Markt in Wien. Damit quoll seine Schatulle über, und er wurde einer der reichsten Männer im Land. Alle sollten das wissen und sehen. Er erweiterte das alte Familienschloss in Susten zu einem feudalen Landsitz und legte sich im sonnigeren Leuk ein klassizistisches Herrschaftshaus mit imposantem Marmorsaal und einer großzügigen Gartenanlage an. Für fünftausend Gulden kaufte er sich am kaiserlichen Hof in Wien einen Freiherrentitel, setzte ein «von» vor seinen Namen und verlangte fortan mit «Baron von Werra» tituliert zu werden. Den Bewohnern von Leuk gegenüber zeigte er sich spendabel. Jedem Burger schenkte er einen Louisdor und der Burgschaft Leuk volle fünfzig.

Als einflussreicher Mann lebte Baron Ferdinand von Werra in der Folge abwechselnd in Wien und Leuk. In Wien hatte er Zugang zum kaiserlichen Hof, und in Leuk spielte er den Louis XIV. des Wallis. Wenn er mit seinem Vierspänner durch den Pfynwald nach Sitten fuhr, sei er, heißt es bis heute, immer nur über eigenes Land gefahren. Nach dem Abzug der Franzosen im Jahr 1813 wurde er Mitglied der provisorischen Walliser Regierung, der er einen größeren Kredit aus seinem Vermögen gewährte.

Einen Wermutstropfen aber gab es doch. Zwei Töchter hatte Margaretha zur Welt gebracht, aber keinen Sohn. Diese Versagerin! Ferdinand stellte seine Frau vor die Wahl, nach Brig zurückzukehren oder in ein Kloster einzutreten. Margaretha wählte, laut einem zeitgenössischen Dokument, «das Kloster Collombey zu ihrem ewigen Aufendthalt». Der fehlende Sohn war für Ferdinand kein Grund zur Resignation. Wer eine volle Schatulle hat, wusste er längst, kann selber Schicksal spielen. «Wenn dein Sohn Caspar Ignaz», bot Ferdinand seinem Großvetter Franz Ignaz Werra an, «meine Tochter Rosalie heiratet, vererbe ich ihm Titel und Besitz.» Caspar Ignaz erlebte die Sternstunde seines Lebens, aber Rosalie winkte ab. Als alles Zureden nichts nützte, sperrte Ferdinand die widerspenstige Tochter so lange in ein Zimmer, bis sie am 24. November 1819 ja zu ihrem Cousin vierten Grades sagte. Drei Jahre später erblickte der Stammhalter Leo Ferdinand Kaspar Julius Caesar das Licht der Welt.

Baron Ferdinand von Werra hinterließ eine randvoll gefüllte Schatulle, als er 1824 starb. Zum Dank stifteten ihm seine Nachkommen ein Ehrengrab in der Kirche von Leuk und wiesen ihm einen exquisiten Logenplatz in der langen Familiengeschichte zu.

Eine der Geldkas-
setten von Baron
Ferdinand von Werra

Mit jeder Generation wurde Baron Ferdinand von Werras Leben immer großartiger und seine Persönlichkeit zum Idealbild für Noblesse, Tugendhaftigkeit und Großzügigkeit. Von Margaretha aber redete man nicht. Diskret wurde ihr Porträt aus der Ahnengalerie entfernt. Bald schon versperrten Mythen und Legenden den Blick auf den wahren Ferdinand, der – so hieß es in der Familie – glänzende Beziehungen zum österreichischen Hof gehabt, nur aus goldenem Geschirr gegessen habe und von Kaiser Franz II. aufgrund seiner Verdienste geadelt worden sei.

Als ich Ferdinand von Werras Urururenkelin Marthe Rey-von Werra 1992 eine französische Fiche aus dem Jahr 1807 vorlegte, die den Baron als «einen Mann ohne Talente,

Erziehung und Kultur» bezeichnete, von dem man befürchten müsse, dass er seine unehelichen Kinder seinen legitimen Töchtern vorziehe, schüttelte die vornehme alte Frau nur den Kopf. Die Franzosen mit ihrem Liberté-Egalité-Fraternité-Schwachsinn, stellte sie unmissverständlich klar, seien nur eifersüchtig gewesen. Allein die Tatsache, dass der Baron ein Ehrengrab in der Kirche von Leuk erhalten habe, widerlege diese infamen Behauptungen.

Einen ganzen Nachmittag gab mir Marthe Rey-von Werra Auskunft über ihre Familie und legte mir eine silberne Tortenschaufel mit elfenbeinernem Griff vor, eine marmorne Stutzuhr und eine größere, an den Rändern vergoldete Geldkassette aus Eisenblech, in der sie Briefe aufbewahrte.

«Insgesamt hatte Baron Ferdinand fünf solcher Geldkassetten», führte sie aus. «Vier sind immer noch in der Familie, und eine ist irgendwo im Pfynwald versteckt.»

«Im Pfynwald versteckt?», fragte ich ungläubig. «Wie das?»

«Als die Franzosen 1798 vom Unterwallis herkommend ins Oberwallis vorrückten», erklärte sie, «beauftragte Baron Ferdinand seinen treuesten Diener, eine Kassette voller Gold- und Silbermünzen an einem sicheren Ort im Pfynwald zu vergraben, sich die Stelle genauestens zu merken und ihm anschließend Bericht zu erstatten. Der Diener tat, wie ihm geheißen wurde, fiel auf dem Rückweg nach Leuk aber tragischerweise einer französischen Kugel zum Opfer. Die Kassette hatte er vergraben, das Versteck aber konnte er seinem Herrn nicht mehr mitteilen.»

Die alte Frau sah mich mit freundlichen Augen an. «Aus der Überlieferung der Familie weiß ich», fuhr sie fort, «dass Baron Ferdinand später nach der Kassette suchen ließ. Mein Vater erzählte von Wünschelrutengängern und Pendlern, die tagelang durch den Pfynwald gestreift sind.»

«Die Kassette ist nie gefunden worden?»

«Wenn man das wüsste», blickte mich die alte Frau mit einem von Altersmilde weich gezeichneten Gesicht an.

Bekannte hatten ihm vom Kanalbau im Pfynwald erzählt. Es brauchte 1500 Arbeiter. Zusammen mit seinem besten Freund Pietro Renzi meldete sich Giorgio. Obwohl er sich nach der Abschufterei im Simplontunnel geschworen hatte, nie mehr als Handlanger auf eine Baustelle zu gehen. Nicht der harten Arbeit wegen, nein, sondern weil er genug davon hatte, wie der letzte Dreck behandelt zu werden. Mit Ausnahme der Laufburschen, die noch weniger verdienten, glaubte jeder, die Handlanger herumkommandieren zu können. Im Pfynwald war es nicht anders. Nach zwei Wochen schon hatte er den Maurer, dem er unterstellt war, bei einem Wutanfall an der Gurgel gepackt. Im Wiederholungsfall sei er entlassen, sagte der Vorarbeiter.

Schweiß rann ihm von der Stirn, und seit Tagen schon schmerzte der Rücken. Diese verdammte Hacke! Und dieser verdammte Boden! Hart und ausgetrocknet war er, und alle paar Meter diese knorrigen Baumstrünke. «Wurzeln raus, alle, dalli, dalli!» Der Vorarbeiter hatte keine Ahnung, wie schwierig das war. Seit einem Jahr schon machte er das. Neun Stunden pro Tag. Sechs Tage die Woche. Für achtzehn Franken. Als Maurer hätte er dreißig pro Woche gekriegt. Aber er war eben nur Handlanger und hatte noch nie mehr verdient. Nicht einmal im Simplontunnel. Immerhin war man im Pfynwald im Freien. Ausbeutung sei das, hatte der vornehme Mann aus Genf in der Wirtschaft von Signor Zen Ruffinen gesagt. Die Arbeiter würden es nie zu Wohlstand bringen, solange sie von den Großkapitalisten unterdrückt und ausgenützt würden. Rote Mützen und Armbinden hatte er nach seiner Rede verteilt und zum Streik aufgerufen. Vielleicht hatte er ja recht, und man musste streiken. Einundzwanzig Franken die Woche wären schon schön.

Das Schlimmste waren die Unfälle. Als einen der ersten traf es den Gottlieb. Mit einer Gruppe von Mineuren und Handlangern arbeiteten sie im Stollen, der unter den Illgraben führte, als Gottlieb von herabstürzenden Erdmassen verschüttet wurde. Unterleib und Beine wurden vollständig zerquetscht. Nach zwei Minuten war Gottlieb tot. Zusammen mit einigen andern schickte ihn die Bauleitung an die Beerdigung nach Agarn, wo ein ganzes Dorf trauerte.

Die häufigsten Unfälle gab es im Gorwetschstollen. Arbeiter wurden von Felsbrocken erdrückt, von zu früh oder zu spät hochgehenden Sprengladungen zerfetzt, fielen von zusammenkrachenden Gerüsten oder wurden von vollbeladenen Schienenwagen überfahren.

Als Handlanger hatte er wenigstens ein sicheres Einkommen, und wenn er sehr sparsam lebte, konnte er in einem Jahr fünfhundert Schweizer Franken sparen. Tausend Franken waren das große Ziel. Damit wollte er heiraten und in Italien eine Familie gründen.

Mit dem Geld musste man im Pfynwald sehr vorsichtig sein, denn es kam immer wieder zu Diebstählen und blutiger Gewalt. Wochenlang hatte man von nichts anderem geredet als vom brutalen Angriff eines Italieners auf einen älteren Schweizer. Die beiden waren im Pfynwald unterwegs, als der Italiener plötzlich ein Messer zog und auf den Vater von sieben Kindern einzustechen begann. Als dieser zusammenbrach, raubte ihm der Angreifer sein Geld – fünfundzwanzig Franken – und seine Taschenuhr. Besonders schrecklich war, dass der Italiener dem Schweizer den linken Zeigefinger abschnitt, mit dem dieser den Geldbeutel festgehalten hatte. Am andern Morgen fanden Arbeiter den schwerverletzten Mann, der wie durch ein Wunder noch lebte. Kurz darauf wurde der Täter verhaftet und ins Gefängnis gesteckt.

Giorgio Bavasi stand etwas abseits von den andern, als sie zum Vorschein kam. Zwischen zwei vertrockneten Erdknollen lag eine Münze. Er bückte sich und hob sie auf. Einige Augenblicke lang betrachtete er das zwischen Daumen und Zeigefinger eingeklemmte Geldstück, an dem vertrocknete Erde klebte. Dann benetzte er den Zeigefinger mit Speichel und reinigte die beiden Oberflächen. Auf der einen Seite war ein Kreuz, auf der anderen eine Krone mit Buchstaben. So eine Münze hatte er noch nie gesehen. Mehr noch als Krone, Kreuz und Inschrift interessierte ihn die gelbliche Farbe der Münze. War das etwa Gold? Der Gedanke ließ ihn vorsichtig werden. Vorsichtig spähte er in alle Richtungen und stellte fest, dass ihn niemand beobachtet hatte. Der Bauleiter in seinem vornehmen Anzug stand immer noch wie angewurzelt auf seinem Sockel, und die Maurer waren emsig damit beschäftigt, das Kanalbett mit Steinen auszukleiden. Mit einer unscheinbaren Bewegung ließ er die Münze in seiner Hosentasche verschwinden. Am besten würde er niemandem davon erzählen und die Münze im Spätherbst, wenn die Arbeit im Pfynwald über die Wintermonate eingestellt wurde und er nach Italien zurückkehrte, in Mailand verkaufen.

Wie wenn nichts geschehen, pickelte Giorgio Bavasi

weiter. Er war müde und froh, dass die Dämmerung schon eingesetzt hatte. Als er direkt unter der Erdoberfläche auf eine ungewöhnliche Steinschicht stieß, die so gar nicht der Beschaffenheit des Waldbodens entsprach, stutzte er. Er griff nach der Schaufel und begann die faustgroßen Steine zur Seite zu schaffen. Einige Augenblicke später traf er mit der Schaufel auf etwas Hartes. Er hob die Steine mit bloßen Händen aus der kleinen Grube und stieß auf eine Art Henkel, der aus der Erde ragte. Mit schnellen Bewegungen wischte er die Erde beiseite und legte schließlich ein brüchiges Gefäß frei. Eine Art Kanne, wie er sie in der Wirtschaft des Signor Zen Ruffinen gesehen hatte. Sie war löchrig und zerfressen. Als er mit zwei Fingern in eins der Löcher langte, konnte er kaum glauben, was er spürte. Die Zinnkanne war randvoll mit Münzen. Er weitete das Loch und nahm einige Münzen in die Hand. Es gab große, kleine, gelbe, graue. Eine ganze Kanne voll. Er begann zu zittern. Jetzt nur nicht auffallen. Rasch legte er die Münzen in die Kanne zurück und deckte sie notdürftig mit Steinen und Erde zu. Dann griff er nach dem Pickel und machte sich an den tief im Boden verankerten Wurzeln in unmittelbarer Nähe der Fundstelle zu schaffen. Vorsichtig spähte er dabei nach dem Bauleiter und war erleichtert, als er sah, dass dieser ihm immer noch den Rücken zudrehte. Und auch die Maurer schienen nichts bemerkt zu haben. Jetzt musste er dafür sorgen, dass bis zum baldigen Feierabend niemand mehr an dieser Stelle graben würde.

Als Giorgio Bavasi keine halbe Stunde später mit Pietro Renzi nach Pfyn lief, erzählte er seinem Freund von dem Fund und weihte ihn in seinen Plan ein. Mit knappen Worten vereinbarten die beiden, die Sache gemeinsam durchzuziehen. Zwei Stunden später befand sich Giorgio Bavasi

Bauarbeiten am Rhonekanal im Pfynwald, um 1908

im Massenlager des Barackendorfs in Pfyn. In aller Heim-
lichkeit packte er seine Sachen. Wie immer stank es ab-
scheulich. Wie er diese Abtritte hasste, die keine fünf Meter hinter der Baracke lagen! Eine viel zu kleine Grube, ein
paar Bretter für ein Dach und drei Seitenwände, das war

alles. Benutzt wurden diese stinkenden Abtritte nur bei schlechtem Wetter. In der Regel entleerten sich die Arbeiter rund um die Baracken im nahen Gebüsch. Wer hier nicht vorsichtig war, trat von einem Scheißhaufen in den nächsten. Nicht eine Sekunde lang würde er dieses Leben in den engen Baracken vermissen. Jetzt musste er Pietro das verabredete Zeichen geben.

Kurz nach dem Nachtessen betrat Giorgio Bavasi die unweit der Baracken liegende lärmige Wirtschaft von Signor Zen Ruffinen. Wie jeden Abend saßen die Arbeiter hier beisammen, spielten Karten und erzählten von der Heimat. Ohne etwas zu trinken, ging er durch den vollbesetzten Raum, und als er Pietro sah, der sichtlich gelangweilt an einen Pfosten lehnte, nickte er ihm kurz zu und verschwand wieder. Einige Augenblicke später trafen sich die beiden Männer mit ihren Rucksäcken am Waldrand und eilten im Schutz der Nacht zur Fundstelle des Schatzes, die sich keine zweihundert Meter vom Eingang des Kanals in den Gorwetsch befand. Fast lautlos hoben sie die brüchige Zinnkanne und schütteten die Münzen in ihre Rucksäcke. «Fa niente!», zischte Giorgio, als Pietro zahlreiche Geldstücke auf den Boden fallen ließ. Die Kanne war noch nicht ganz leer, als Giorgio «Abbastanza!» sagte, worauf die beiden im Wald verschwanden. Die Nacht über wollten sie sich im Pfynwald verstecken und mit dem ersten Zug von Leuk nach Brig fahren, den Schatz durch den Simplon über die Grenze schmuggeln und in Mailand verkaufen. Mit dem Geld, das ihnen je zur Hälfte gehören sollte, wollten sie ein neues Leben beginnen.

Drei Kilometer durch den Wald und fünf Kilometer durch den Berg. Der Kanal sollte das Rhonewasser bei der Barrage in Susten fassen, durch den Pfynwald führen und mittels eines Stollens durch den Gorwetsch nach Chippis auf die Turbinen der Aluminiumfabrik leiten. Die Wasserkraft war der große Trumpf des Kantons Wallis. Zwischen 1900 und 1910 bescherte sie dem Kanton das größte Wachstum seiner Geschichte. Die Lonza baute ihre Werke in Gampel und Visp, die Ciba in Monthey und die Alusuisse in Chippis. Die Zahl der Betriebe stieg von 31 auf 80, die der Beschäftigten von 980 auf 2700. Im gleichen Zeitraum wurde mit den Arbeiten am Lötschberg begonnen und der Simplontunnel eröffnet, der die Sackgasse des Rhonetals zu einer internationalen Durchgangsstrecke machte, auf der nun der Orientexpress von Paris nach Mailand verkehrte. Innerhalb von nur einem Jahrzehnt wurde der agrarische Kanton Wallis, in dem im Jahr 1904 erst elf Autos und sieben Lastwagen registriert waren, in die Moderne katapultiert.

Die Arbeiten für den Kanal hatten im Frühjahr 1906 begonnen. Als erstes musste bei der Rhonebrücke in Susten ein Niederlaufwerk gebaut werden, das dem Kanal das Wasser zuleiten sollte. Gleichzeitig schlugen Hunderte von Arbeitern eine dreißig Meter breite Schneise durch den oberen Pfynwald, die an die Gorwetschflanke führte. Baracken wurden gebaut, ein Schienennetz angelegt und mehrere kleine Zugangsstollen in den Gorwetsch gesprengt. Tausende von Tonnen trockenen Waldbodens wurden von Hand gelockert und auf kleine Eisenbahnwaggons verladen, die entweder von Pferden oder einer kleinen Dampflokomotive zu einem Sammelplatz geführt wurden. So entstand nach und nach das bis zu fünfundzwanzig Meter breite Kanalbett, dessen Wände mit einer zwei Meter dicken Mauer aus geschliffenen Illgrabensteinen verkleidet und mit Beton befestigt wurden. Das Herzstück des Baus war der fünf Kilometer lange Stollen, der gleichzeitig von Chippis und vom Pfynwald her in den Gorwetsch gebohrt wurde.

Die meisten Arbeiter – neben Italienern arbeiteten auch Deutsche und Schweizer am Kanal – waren in Pfyn untergebracht, wo ein kleines Barackendorf mit improvisierter Krankenstation, ein Warenlager mit Lebensmittelladen errichtet und eine Wirtschaft eröffnet worden war. Einige logierten in Susten, andere in Chippis, wo Einheimische Zimmer und Betten für fünf bis acht Franken pro Monat vermieteten. Die Herren Oberingenieure und Bauleiter logierten im Hotel Susten, das mein Ururgroßvater und Bauunternehmer Felix Donazzolo betrieb.

Mit tausend Gold- und Silbermünzen in ihren Rucksäcken passierten Giorgio Bavasi und Pietro Renzi unbehelligt den Zoll am Bahnhof Brig. Kurz darauf saßen die beiden auf den abgenutzten Holzpritschen im Drittklassabteil des Zuges, der durch den Simplon fuhr. Was würde er ihnen einbringen, der Schatz aus dem Pfynwald?

Etwa zur selben Zeit herrschte auf der Kanalbaustelle im Pfynwald große Aufregung. Zwei Maurer hatten im Kanalbecken eine zerbrochene Zinnkanne gefunden, in der an die dreißig Münzen lagen. «Un tesoro!», schrie ein Arbeiter und zeigte den Herbeieilenden eine Goldmünze. Ein anderer steckte in aller Eile einige Münzen ein, die verstreut um die Fundstelle lagen. Immer mehr Arbeiter kamen zur Fundstelle. Wer zu einer Schaufel oder einer

Hacke kam, begann wie besessen zu graben. Ein lärmiges Durcheinander brach los. Hier stritten zwei Arbeiter verbissen um eine Hacke, dort versuchte ein anderer die Fundstelle einer Münze gegen einen Kameraden zu verteidigen. Wer sich keine Hacke oder Schaufel erstritt, pflügte den harten Waldboden mit bloßen Händen, einem herumliegenden Föhrenast oder mit Steinen um. Eine fiebrige Schatzsuche brach aus. Goldrausch im Pfynwald.

Der Baustellenleiter avisierte unverzüglich die Gendarmerie. Diese traf laut einem Bericht «rasch vor Ort» ein, hatte aber größte Mühe, die aufgebrachten Arbeiter zu beruhigen. Es dauerte zwei Tage, bis man die Ereignisse rekonstruiert hatte und es deutlich wurde, dass es zwischen dem Verschwinden der beiden italienischen Handlanger und der Entdeckung der Zinnkanne einen Zusammenhang geben musste.

Die Kantonspolizei führte zahlreiche Verhöre durch und konnte schließlich an die hundert Gold- und Silbermünzen sicherstellen, die laut dem aus Genf herbeigerufenen Experten Eugène Demole aus dem 14. und 15. Jahrhundert stammten. Die Goldstücke stammten überwiegend aus der Zeit von Karl V. und Karl VI., teilweise handelte es sich um Dukaten aus Venedig, Florenz, Annecy und Genf oder um Silbermünzen aus St. Maurice und dem Herzogtum Mailand.

Drei Wochen nach dem Schatzfund reiste der Numismatiker Eugène Demole im Auftrag des Kantons Wallis nach Mailand und klapperte einen Münzhändlerladen nach dem anderen ab. Bei den bekannten Münzhändlern Clerici wurde er fündig. Sie räumten ein, vor kurzem über tausend im Pfynwald gefundene Gold- und Silbermünzen erworben zu haben. Ob die beiden Kanalarbeiter oder ein

Händler ihnen die Münzen angeboten hatte, wollten die Händler nicht sagen. Auf Demoles Frage, was mit den Münzen geschehen sei, gaben sie an, die hundert wertvollsten Münzen in ihre Sammlung aufgenommen und den Rest eingeschmolzen zu haben. Die Münzen stammten hauptsächlich aus dem 14.Jahrhundert, führten die Münzhändler aus, zum größten Teil aus Norditalien, und hätten keinen besonderen numismatischen Wert. Abgesehen von zwei florentinischen Gulden habe der Fund auch keinerlei bislang unbekannte Münzen enthalten.

Eugène Demole hielt die Ausführungen der Mailänder Münzhändler für glaubwürdig, zumal sich die Liste der Münzen, die die Händler ihm vorlegten, ziemlich genau mit jenen Erkenntnissen deckte, die er aus den im Pfynwald sichergestellten Münzen gewonnen hatte. Gewisse Zweifel hatte Demole nur in Bezug auf die neunhundert eingeschmolzenen Münzen. War die Behauptung glaubhaft? Oder war der Fund vielleicht doch mehr wert, als sie vorgaben?

Was aus den beiden Handlangern Giorgio Bavasi und Pietro Renzi wurde, ist nicht bekannt. Vermutlich hat sie der Schatz im Pfynwald nicht zu wohlhabenden Männern gemacht. Wenn das Inventar der Mailänder Münzhändler vollständig ist, dürfte er ihnen etwa zweitausend Franken eingebracht haben: ein Handlanger-Jahresgehalt für jeden. Das nötige Kapital zur Familiengründung. Immerhin.

Am Schluss bleibt die Frage, ob die Zinnkanne aus dem Pfynwald, deren Fragmente sich heute im Landesmuseum in Zürich befinden, von Baron Ferdinand von Werra stammen könnte. Die Fakten sprechen eindeutig dagegen: Die jüngsten Münzen aus dem Pfynwald – fünf ausgezeichnet

Münzen aus dem Pfynwald im Landesmuseum Zürich

erhaltene Goldzechinen des Dogen Michel Steno von Venedig, der die Lagunenstadt von 1400 bis 1413 regierte – lassen den Schluss zu, dass die aus der Frühzeit des Zinngießereigewerbes stammende Kanne im frühen 15. Jahrhundert und damit über dreihundertfünfzig Jahre vor der Geburt Ferdinand von Werras im Pfynwald vergraben wurde. Die unterschiedliche Beschaffenheit der beiden Geldbehälter bestätigt diesen Befund. Die Geldschatullen von Baron von Werra sind aus Eisen gefertigt, die gefundene Kanne war aus Zinn. Wenn auch kein innerer, so verbindet die beiden Schatullen doch ein äußerer Zusammenhang: Nachdem Ferdinand von Werras Wiener Erbschaft und seine geheime Heirat mit Margaretha Stockalper die Schatullen der von Werras im frühen 19. Jahrhundert hatten überquellen lassen, waren diese nach einhundert fetten Jahren nun plötzlich leer. Es ist nicht gut, hatte Baron

Ferdinand einst gesagt, den Boden der Schatulle zu sehen. Im Jahre 1910 verlor Ferdinands Ururenkel Baron Leo Ludwig Maria Xaver von Werra seinen gesamten Besitz und verarmte. Sein ältester Sohn und Titelerbe Hans von Werra wurde – wie meine beiden Großväter und zwei meiner Onkel – Arbeiter in der Alusuisse in Chippis. «Der Baron kommt zur Arbeit», lästerten schadenfrohe Mäuler am Eingang zur Fabrik. Im Pfynwald hingegen stellten sich Giorgio Bavasis Kollegen vor, wie dieser im fernen Italien nun ein fürstliches Leben führte.

Natürlich hat sich auch Eugène Demole Gedanken über den Besitzer der Münzen gemacht, von denen sich heute je vierzig im Schweizerischen Landesmuseum, im Kantonsmuseum Sitten und im Numismatischen Kabinett von Genf befinden. Im Zentrum seiner 1910 publizierten Überlegungen steht der von Hand auf dem Deckel der Zinnkassette eingravierte Name Ro Fabry. Demole brachte die Inschrift mit dem Ende des 14. Jahrhunderts in Leuk mehrfach nachgewiesenen Namen Fabri in Beziehung und deutete die ersten beiden Buchstaben Ro als Initialen des ebenfalls belegten Vornamens Rodinus.

Gehörte der Schatz dem historisch verbürgten Rodinus Fabri aus Leuk, dem Bruder des Pfarrers Johannes Fabri? Was aber hatte ihn dazu gebracht, die Geldkassette ausgerechnet im Pfynwald zu vergraben? Demole war sich bewusst, dass es darauf keine Antwort mehr gab. «So bleibt die Frage nach dem Eigentümer des Schatzes auch weiterhin offen», beendet er seinen Beitrag in der ‹Revue Suisse de Numismatique›.

Bei der Frage nach der Herkunft des Pfynwald-Schatzes, erklärt Patrick Elsig, der Konservator des Numismatischen Kabinetts des Kantons Wallis, seien weitere Faktoren zu bedenken. So sei es heikel, den Schatz ganz selbstverständlich dem auf dem Deckel der Zinnkanne eingravierten Namen zuzusprechen, zumal man von vergleichbaren Funden wisse, dass Behälter und Inhalt nicht zwangsläufig etwas miteinander zu tun haben müssen. «Ein interessanter Ansatzpunkt», so der Numismatiker am Schluss unseres Gesprächs, «ist der Fundort des Schatzes. Warum hat man die Münzen ausgerechnet im Pfynwald versteckt? Und nicht wie üblich im Haus? Waren hier Diebe und Räuber am Werk gewesen, die im Pfynwald ihre Verstecke hatten?»

Der Pfynwald wird auch dieses Geheimnis wahrscheinlich für sich behalten. Und wohl auch, wo sich das Versteck der sagenhaften Geldschatulle von Baron Ferdinand von Werra befindet. Falls diese wirklich existiert.

RÄUBER

Der Bischof von Sitten wünschte, dass der Metzgermeister von Salgesch dem Verurteilten den Kopf abschlage. «Blutschuld verlangt Blutsühnung, und Salgesch hat besonders gelitten», lautete die knappe Begründung aus Sitten. Damit stellte sich der Graf und Präfekt des Wallis gegen die Geschworenen des Zehndengerichts Leuk, die den Raubmörder Lisür zum Tod durch den Strang verurteilt hatten.

Der Grund der bischöflichen Strenge lag auf der Hand. Es war noch keine vier Wochen her, dass der verurteilte Räuber den bischöflichen Verwalter im Pfynwald ausgeraubt und den ihn begleitenden Zahlmeister auf brutale Art ermordet hatte. Nach Aussagen des entkommenen Verwalters waren es zwei Banditen gewesen, die unweit des Mördersteins aus dem Dickicht gesprungen waren und sich mit der Drohung «Geld oder Leben!» den beiden in den Weg gestellt hatten. Ein bärtiger und muskulöser Hüne und ein mittelgroßer schmächtiger Mann mit vermummtem Gesicht. Der eine habe die Zügel des Verwalterpferds ergriffen, der andere dem Zahlmeister die Tasche entreißen wollen. Da sich dieser mit dem Reitstock zur

Wehr setzte, habe der Hüne die Zügel des Pferdes fahren lassen und sei seinem Kumpanen zu Hilfe geeilt. Der geistesgegenwärtige Verwalter habe die Gunst des Augenblicks genutzt und seinem Pferd die Sporen gegeben.

Am nächsten Morgen fanden die Landjäger von Siders unweit der Stelle, wo sich der Überfall ereignet hatte, die nur nachlässig verscharrte Leiche des bischöflichen Zahlmeisters, der mit zwei Stichen in die Brust getötet worden war. Die großen Wunden ließen auf einen Dolch mit breiter Klinge schließen, die besonders geeignet war, um eine Stichwunde auszuweiten.

Zwei Tage nach der bischöflichen Weisung sollte das Urteil auf dem Richtplatz des Zehnden Leuk vollstreckt werden. Am Morgen des festgelegten Tages kamen die Leute aus den umliegenden Dörfern in den Galgenwald. Kinder, Jugendliche, Erwachsene und ältere Leute, zum Teil in Leiterwagen herangekarrt, lieferten sich einen Wettkampf um die besten Plätze. An eine Hinrichtung mit dem Schwert konnte sich in der ganzen Region niemand erinnern. Es herrschte Jahrmarktstimmung rund um den Richtplatz, auf dem allerlei Vorbereitungen im Gang waren. Die Verhaftung des Räubers Lisür war eine Sensation. Niemand hätte es für möglich gehalten, dass sich der unscheinbare Bauer Welsch hinter dem gefürchteten Lisür verbarg. Neben dem fest im Waldboden verankerten Galgen stellten Arbeiter auf einem Balkenpodest einen waagrechten Holzbock auf, auf den ein Sargtuch gelegt wurde, das bis zum Boden reichte. Auf der Seite gegen das Publikum wurde ein Kessel aufgestellt, in den der Kopf fallen und das Blut fließen sollte.

Am späteren Nachmittag traf der von Tambouren und einem größeren Umzug begleitete Metzgermeister aus Salgesch im Galgenwald ein. Ein Vertreter des Gerichts überreichte ihm das kurze, breite Richtschwert, die schwarze Kapuze und unterrichtete ihn über den Ablauf der Exekution. Kurz darauf erschien das von einer größeren Schar

Landsknechten begleitete Tribunal von Leuk mit dem ge-
fesselten Verurteilten und einem Geistlichen an seiner
Seite.

«Schi bringunt nu», ging die Kunde von Mund zu Mund,
«schi bringunt nu!»* Auf dieses Stichwort geriet die Menge
in Bewegung. Junge Männer kletterten auf die den Richtplatz umgebenden Föhren, wo sie ihre Logenplätze ein-
nahmen, die sie seit den frühen Morgenstunden verteidigt
hatten. Es entstand ein Gedränge und ein Gezerre rund um
die Richtstätte. Fast gewaltsam mussten die Landsknechte
sich eine Schneise in die drängende Menschenansamm-
lung bahnen, um zum Holzbock zu gelangen. Die Hälse
der Menschen wurden lang und länger. Jeder wollte den
großen Räuber Lisür mit eigenen Augen sehen, den gefährlichen Herrscher der Nacht, den blutdürstigen Mörder
mit dem Raubtierblick. Die Enttäuschung war groß. Denn
alles, was die gierigen Blicke zu sehen bekamen, war der
zusammengesunkene Bauer Welsch, der sich ohne Widerstand zum Richtplatz führen ließ. Fäuste schnellten in die
Höhe, der Verurteilte wurde mit bösartigsten Flüchen eingedeckt. Ein Stein traf ihn am Kopf. Blut rann von seiner
Stirn. Der Volkszorn kochte. Mit besänftigenden Gesten
versuchte der Geistliche, der dicht hinter Lisür stand, die
Masse zu beruhigen.

Als der Richter vor den Verurteilten trat und sich an-
schickte, das Urteil zu verlesen, legte sich der Radau. Dann
ging alles sehr schnell. Mit einem Tuch wurden dem Verurteilten die Augen verbunden. Daraufhin schnitt ihm ein
Landsknecht mit einem Messer die Nackenhaare ab, anschließend vorn und hinten das Hemd auf, so dass der ganze

---

* «Sie bringen ihn!»

Nacken sichtbar wurde. Lisür verzichtete auf jeglichen Widerstand und wehrte sich auch nicht, als er auf den Holzbock gelegt und festgebunden wurde. Der Metzgermeister streifte die schwarze Kapuze über, griff nach dem Richtschwert und stieg auf das kleine Podest. Gebannte Blicke nahmen jedes einzelne Detail des Geschehens auf. Mit einem Mal lag kirchliche Stille über dem Galgenwald. Auf das Kommando des Richters ergriff ein Landsknecht mit ausgestrecktem Arm Lisürs Schopf, der Metzgermeister nahm Maß, Trommelwirbel ertönte, und Sekunden später war das Schauspiel vorbei. Für einige allerdings war es zu viel. Wie reife Föhrenzapfen fielen hier und dort ohnmächtig gewordene Zuschauer von den Bäumen.

Nachdem sich das Publikum vom Richtplatz entfernt hatte, wurde Lisürs Leichnam an einem geheimen Ort im Pfynwald verscharrt. Von seinem hünenhaften Kompagnon, einem Türken, wie es hieß, fehlte jede Spur. Die Landjäger vermuteten, dass er sich mit einem Teil der Beute aus dem Staub gemacht hatte. Obwohl Lisür im Verhör einige seiner Beutelager preisgegeben hatte, ist man sich bis heute nicht sicher, ob man wirklich alle seine Verstecke ausgehoben hat.

So wie hier geschildert, trug sich die Sache *nicht* zu. Aber so ließe sich Lisürs Ende erzählen und mit jenen Details ausschmücken, die zu einer echten Legende gehören. Über viele Generationen müssen im Oberwallis Räubergeschichten aus dem Pfynwald mündlich weitererzählt worden sein, ehe die beiden Pfarrherren Moritz Tscheinen und Peter Josef Ruppen in den 1860er Jahren den Entschluss fassten, alte Walliser Volkserzählungen, Sagen und Legenden systematisch zu sammeln und aufzuschreiben. Die beiden besuchten alle Oberwalliser Dörfer und Weiler und hielten fest, was ihnen – so schreiben sie im Vorwort – «alte Mütterchen und gebeugte Greise» in den verschiedenen Dörfern an geschichtlichen Ereignissen und rätselhaften Vorkommnissen aus «uralten Zeiten» erzählten.

Die Geschichte des Räubers Lisür war nirgends lebendiger als in Salgesch, wo der «Mann mit den zwölf Messern» der Legende nach gefasst und dem Zehndengericht von Leuk übergeben worden war. Hier und auch in den umliegenden Gemeinden trafen die beiden Geistlichen auf eine reiche Überlieferung, die Lisür als «einen Mann mit geteiltem Herzen» und als «Wolf im Schafspelz» bezeichnete, «unter dem ein berüchtigter Räuber steckte». Im Dorfleben sei er ein unbescholtener Bürger gewesen, erzählten die Leute, im «seit jeher berüchtigten Pfynwald» aber habe er sich in einen brutalen Räuber und Wegelagerer verwandelt, der Reisende und Händler ausgeraubt, ermordet und «in einem abgelegenen Winkel des Waldes» verscharrt habe.

Heute gibt es nur noch wenige Leute, die den Namen Lisür kennen. Der alte Pfynwaldförster Raoul Willa berichtet, Lisür habe sich gern als strickendes Mütterchen oder als Mönch verkleidet und am Eingang des Pfynwalds Fuhrwerke und Kutschen um eine Mitfahrgelegenheit gebeten. Mitten im Pfynwald habe das Mütterchen plötzlich Steckmesser und Revolver unter seinem Strickzeug hervorgeholt, seine Wohltäter überfallen und sei dann mit seiner Beute im Pfynwald verschwunden. Viktor Matter erzählt, dass der Räuber von den Reisenden Weg- oder Nasenzoll verlangt und sie je nach Herkunft und Vermögen sogar getötet habe. Martina Salamin-Cina hat gehört, dass Lisür immer hoch zu Ross durch den Pfynwald geritten sei, einen langen schwarzen Mantel getragen und sein Raubgut in einer Höhle hinter dem Pariser Hügel, dem größten Hügel des Pfynwalds, versteckt habe. Ihre Großmutter habe erzählt, Lisür habe ein Herz für die Armen und Kinder gehabt. Nur Reiche habe er überfallen und Teile seiner Beute an die Armen verteilt. Kinder habe er verschont, das habe der alte Ernest Loretan erzählt, der Lisür als Kind einmal im Pfynwald begegnet sei. Die bekannteste Lisür-Sage weiß nichts von dieser kinderfreundlichen Seite des großen Räubers. Im Gegenteil:

WALLISER SAGEN

DER MÖRDERSTEIN IM PFYNWALD

Im großen Wald zwischen Siders und Leuk, im Pfynwald, befindet sich eine gespaltene Fluh, der Mörderstein. Er soll diesen Namen folgender schaurigen Sage zu verdanken haben:

Einmal habe Lisür im Pfynwald bei diesem Felsblock eine Frau und ein Kind überfallen. Als die Frau um Gnade flehte, habe er gesagt: «Wenn mir dein Kind meine Fragen beantworten kann, könnt ihr gehen!»

«Was ist schöner als der Tag?», fragte Lisür das Kind.

Dieses antwortete: «Der Mutter Blick!»

Darauf der Räuber: «Was ist edler als Gold?»

«Der Mutter Herz!»

Und wieder Lisür: «Was ist süßer als Honig?»

«Der Mutter Milch!»

«Und was ist weicher als Flaum?»

Kind: «Der Mutter Schoß!»

Lisür: «Was ist stärker als der Tod?»

Kind: «Der Mutter Liebe!»

Lisür: «Was ist härter als Stein?»

Kind: «Des Mörders Herz!»

Da habe Lisür das Kind mit solcher Gewalt an den Felsblock geschleudert, dass dieser in drei Stücke zersprungen sei, wie zum schrecklichen Andenken noch heute zu sehen ist.

Eine andere Legende aus dem Pfynwald erzählt von einem Räuber Peter und einem Bauern aus Niedergampel, der sich in der Abenddämmerung beim Mörderstein an Lisürs schrecklichen Kindermord erinnert. «Herrgott hilf!», richtete der ängstliche Mann, der in Siders bei einem Wunderdoktor Medikamente für seine schwerkranke Frau besorgt hatte, ein Stoßgebet zum Himmel und wünschte sich, er hätte den Wald bereits durchquert.

Als er den Langen Kehr erreichte und in der Ferne in erhöhter Hanglage die Lichter von Leuk sah, wähnte er sich in Sicherheit. Umso größer war sein Schreck, als plötzlich ein wild aussehender Kerl vor ihm stand und eine Pistole auf ihn richtete. Nachdem sich Räuber und Bauer einen kurzen Augenblick lang gemustert hatten, war beiden klar: Sie kannten sich von früher.

«Was sagen die Leute von mir?», fragte Räuber Peter nach kurzem Überlegen.

«Ich will die Wahrheit nicht verhehlen», antwortete der Bauer und warnte den alten Kameraden: «Man sagt, wenn du nicht das Weite suchest, so seien deine Tage gezählt; man stellt dir nach, denn du mordest, was über die Straße läuft, und du bist vogelfrei!»

Die Ehrlichkeit des Bauern beeindruckte Räuber Peter, der seinem Gefangenen das Leben schenkte und darauf bestand, ihm seine geheime Höhle zu zeigen. «Da bog er mit dem Räuber von der Straße ab und ritt ins Innere des Wal-

Die Pfynwaldstraße in Richtung Leuk (um 1950)

des hinein. Bei einem Dornbusch hieß ihn Peter absteigen.
Dann krochen sie in den kratzenden Strauch hinein, und
es öffnete sich ein schmaler Gang, der sich nach und nach
weitete und in eine Höhle ausmündete, wo Peter einen
Kienspan anzündete.»

Der Bauer traute seinen Augen nicht. Der Räuber hatte sich in der geräumigen Höhle häuslich eingerichtet. In einer Ecke stand ein Bett mit goldbestickten Decken, in einer anderen stapelten sich mehrere Fuder gebleichter Leinwand. Auf dem Tisch lagen italienische Seidentücher in vielen Farben, auf einem anderen ein kleines Arsenal verschiedenster Waffen. Der Räuber bot seinem Gast Wein und getrocknetes Fleisch an. Als ihn Peter einlud, die Nacht bei ihm zu verbringen, lehnte er dankend ab und sagte, dass er seiner kranken Frau so schnell wie möglich die Medikamente bringen müsse.

«So lade auf das Pferd, so viel es zu tragen vermag!», forderte Peter seinen Gast auf und zeigte auf sein Diebesgut. Der Bauer lud weniges auf sein Pferd, um den Räuber nicht zu erzürnen.

«Ich bin froh», sagte Peter zum Abschied, «dass du mich gewarnt hast, nun mach, dass du fortkommst, denn jetzt bin ich keinen Augenblick mehr sicher, dass mich nicht die Mordlust packt. Solange ich in Sichtweite bin, reite langsam, denn wenn einer zu rasch geht, kommt die Wut über mich – nachher aber lass dem Pferd die Zügel. Wenn mich nämlich die Raserei anfällt, kann ich auch den Kameraden nicht schonen!»

Beim Abschied reichten sich Räuber Peter und der Bauer aus Niedergampel die Hand. «Mach, dass du von hier fortkommst», riet der Bauer dem Räuber, «denn hier wächst zu viel Galgenholz für dich.» Wie Peter ihm empfohlen hatte, ritt der Bauer zuerst langsam, dann in gestrecktem Galopp, bis der Wald hinter ihm lag. Ganz in Schweiß gebadet, kam er schließlich glücklich nach Hause. Einige Wochen später erreichte ihn die Nachricht, der Mörder vom Pfynwald sei gefasst und hingerichtet worden.

Lange Zeit soll der Pfynwald das Reich des brutalen Räubers Peschol und seiner Bande gewesen sein. In alten Zeiten, «urdenklich lange ist es her», erzählte Pfarrer Lehner aus dem Lötschental den Sagenforschern Tscheinen und Ruppen, habe es im Pfynwald Schurken gegeben, die Leute überfallen und brutal ermordet hätten. «Ditz Lumpogizüdil heigi öi ä Fürgeiss, ä Höiptma kha, der hei Peschol g'heissut, än grosse starche Wollätsch es Mannij, mit ämä zerzüstä Strubelgrind, äh furchtbar leidä Zottil.»*

Wie Lisür sollen auch der gefürchtete Peschol und seine Bande im Galgenwald hingerichtet worden sein. Die Leichen der Verurteilten habe man zur Abschreckung so lange am Galgen hängen lassen, bis der letzte Fetzen Fleisch von den Totenvögeln verzehrt gewesen sei und nur noch die Gerippe am Galgen hingen. Die jungen Leute der Region hätten es als besondere Mutprobe angesehen, dem baumelnden Räuberhauptmann in der Nacht Speis und Trank in den Galgenwald zu bringen.

Weder in den Gemeindearchiven noch im Walliser Staatsarchiv finden sich Beweise für die Existenz der Pfynwaldräuber. Das seien doch alles nur Zällätä, unwahrscheinliche Erzählungen, sagen die Leute der Region. Die historische Forschung sieht Räuberbanden als eine ausgeprägte Erscheinung des Spätmittelalters an. Menschen verschiedenster Herkunft hätten sich in ihnen getroffen: Kleinkriminelle, Menschen, die vor einer Strafe oder Folter geflohen waren, Deserteure von Armeen und verarmte Bauern. Historisch belegt sind auch sogenannte «Räuber-

---

* Altes Walliserdeutsch, ungefähr: «Diese Lumpenbande hat auch einen Anführer gehabt, einen Hauptmann, der habe Peschol geheißen, ein Prügel von einem Mann, mit arg zerzaustem Wirrkopf, ein furchtbar hässlicher Zottel.»

weiber», ledige Frauen mit einem Kind, die gesellschaftlich ausgestoßen waren und sich, um zu überleben, einer Räuberbande anschlossen.

Ob sich in alten Reiseberichten Spuren der Pfynwaldräuber ausfindig machen ließen? Mit etwas Glück befand sich unter den vielen Reisenden, die in vergangenen Jahrhunderten den Pfynwald durchquert hatten, ja einer, der in die Mangel von Räubern geraten war und später darüber berichtete. Eine interessante erste Spur findet sich beim Chronisten Johannes Stumpf, der im Jahre 1544 durch den Pfynwald spazierte. Auch wenn er dabei nicht mit Räubern in Berührung kam, liefert seine Landschaftsbeschreibung trotzdem eine interessante Information: «Deren von Leuck Galgen und Hochgericht stehet ob dem Pfimwald. Daselbst hat das ungestümme Waldwasser ein grosse weite des walds eyngefrässen und hinweg gefürt. Die selbig gruben wird dieser zeit genent der üllgraben.» Damit ist bestätigt, was die mündliche Überlieferung bis heute weiß: Der Richtplatz des Zehnden Leuk befand sich tatsächlich in jenem Teil des Pfynwalds, der heute Galgenwald heißt.

Zweihundertdreißig Jahre nach Johannes Stumpf marschierte im Frühling 1775 der Genfer Pastor, Maler und Reiseschriftsteller Marc Theodor Bourrit durch den Pfynwald auf die Illgrabenbrücke zu. Wie Stumpf scheint auch er sich nicht vor Räubern und Banditen gefürchtet zu haben. Als er nach einem rund einstündigen Marsch den Oberwalliser Ausgang des Pfynwalds erreichte, sah er «ein sehr reizendes Tal» mit einer weitläufigen Heckenlandschaft vor sich, auf der Schafe weideten. Nach einer kurzen Pause am Waldrand hielten seine Schritte auf eine zweihundert Meter von der Landstraße entfernte Lichtung am Waldrand zu, von der er offenbar gehört hatte. «Nach-

Historische Ansicht des Pfynwalds von 1906

dem wir das Tal überschaut und einige Minuten hinauf-
gestiegen waren, befanden wir uns neben einem Galgen,
woran zerstückte Leichname hingen, und Köpfe und andere Glieder angenagelt waren.» Bourrit war entsetzt über
die rohe Gewalt, die im Walliser Rechtssystem herrschte.
«Wären wir nicht bald an Wohnhäuser und in offeneres
Land gekommen, so würden wir das eckelhafte Bild dieses
Galgens noch lange mitgetragen haben.»

Der Galgen von Leuk existierte 1775 also immer noch.
Vermutlich ist die alte Richtstätte erst mit der französischen Besetzung der Schweiz im Jahr 1798 entfernt worden und war vorher über Jahrhunderte in Gebrauch. Mit
Sicherheit wurden hier auch Menschen hingerichtet, die
im Pfynwald zu Verbrechern wurden. Vermutlich nicht
nur Auswärtige, sondern auch Einheimische, die im Wald
einem geheimen Nebenerwerb nachgingen. «Mein Nach-

bar hatte wenig Eigentum», erzählt ein Mann aus Siders in der Sage ‹Räuber im Pfynwald›, «und leistete sich trotzdem viel und gab nobel an. Da fragte ich ihn einst, wie er denn das zustande brächte. Er antwortete: ‹Wir gehen nachts in den Pfynwald und drohen denen, die vorbeikommen: Blut oder Geld!›»

Geschichten von Raubüberfällen, Mord und Totschlag im Pfynwald müssen über Generationen weitererzählt worden sein. Davon weiß auch der Westschweizer Schriftsteller Charles-Albert Cingria zu berichten, der im Jahre 1943 mit dem Maler Paul Monnier das Wallis bereiste und sich für die alten Räuberlegenden aus dem Pfynwald interessierte: «Was für ein unheimliches Dickicht zwischen der Rhone und den Bergen!», schrieb Cingria in seiner 1944 veröffentlichten Reiseerzählung ‹Le parcours du Haut Rhône›. «Jetzt verstehe ich, warum dieser Pfynwald so berüchtigt ist und so viele Geschichten über ihn kursieren.» Noch heute stehe einem das Herz still, wenn man die Einheimischen von den Pfynwaldräubern erzählen höre: Vor langer Zeit gab es eine Herberge im Wald, auf die eines Abends ein müder Reisender in der Hoffnung auf ein Nachtlager zuhielt. Als er eintreten wollte, hielt ihn ein seltsames Geräusch aus dem Innern davor zurück. Vorsichtig schlich er um das Haus und fand eine Ritze in der Wand, durch die er ins Innere blicken konnte. Dort sah er, wie ein kniender Mann einem leblosen Körper den Hals durchschnitt. Entsetzt floh der Wanderer nach Leuk, um den Behörden Bericht zu erstatten.

Vielleicht war es ja so: Wer im Pfynwald einen Überfall oder einen Mord beging, wurde in der mündlichen Überlieferung schnell zum «Räuber oder Mörder im Pfynwald».

Die genauen Umstände der Tat waren oft unklar oder gingen im Lauf der Zeit ebenso vergessen wie die Identität der Verbrecher. Im Mittelpunkt standen nicht Fakten, sondern die Unterhaltung, die ohne den Schrecken bekanntermaßen nicht auskommt und dafür sorgte, dass die Räubergeschichten laufend ausgeschmückt wurden. Dabei rückte schnell die typisierte Figur des gewalttätigen Pfynwaldräubers ins Zentrum, der in verborgenen Höhlen voller Schätze hauste und Reisende überfiel. Nicht nur in den alten Räuberlegenden und in den Erzählungen meiner Großmutter, sondern bis in die jüngste Zeit. Ich erinnere mich an mein Entsetzen, als mein Jugendfreund Christoph im Jahr 1996 im Pfynwald erschossen wurde. Offenbar ging es um den Konflikt zweier Männer um eine Frau. An einem kalten Novembermorgen wurde Christoph von seinem Kontrahenten zu einer Aussprache in den Galgenwald gelockt und am Rande des Illgrabens mit zwei Schüssen niedergestreckt. «Der Mörder vom Pfynwald ist gefasst», schrieben die Zeitungen nach der Verhaftung des Täters, der sich später im Gefängnis selber richtete.

Mit einem Fund in den Archiven des ‹Walliser Boten› lässt sich immerhin der abgerissene Faden der mündlichen Überlieferung wiederaufnehmen. In den 1950er Jahren interessierte sich der Agronom Alois Larry Schnidrig für das Leben des Pfynwaldräubers Lisür, das er in der Fortsetzungsgeschichte ‹Lisür – Räuberhauptmann von Pfyn› romanhaft verarbeitet hat. «Diese Arbeit», steht über dem 1970 veröffentlichten Manuskript, «ist aus der lebendigen Überlieferung des Volkes geschöpft.»

Schnidrig hatte die gleichen Schwierigkeiten wie ich rund fünfzig Jahre später. Auf Fakten und historische Dokumente ist auch er nicht gestoßen. Einen Vorteil allerdings hatte er: Im Gegensatz zu mir fand er noch Leute, die viel über «die alten Zeiten» wussten. Lisür stamme aus Frankreich, erzählt Schnidrig, und habe mit zwei Knechten auf einem herrenlosen Bauernhof in Pfyn gelebt. In Salgesch, Varen und Leuk habe er mit den Einheimischen verkehrt und einen ehrenwerten Ruf gehabt. Besonders aufgefallen sei er durch seine Noblesse und Gewandtheit. «Er verstand es ausgezeichnet, mit geölten Redensarten hinter wichtige Geheimnisse zu kommen. So hatte er an Schenktischen Kenntnis erhalten von Gipsbrüchen und verlassenen Stollen über dem Südrand des Pfynwalds.»

Lisürs Enttarnung und Verhaftung in Salgesch arrangiert Schnidrig als konventionelle Erzählung: Dem großen Räuber gerät seine Leidenschaft für eine Frau in die Quere. Bei seinem Versuch, sie zu erobern, setzt er auf die bewährte Strategie: Bei Nacht und Nebel verschleppt er die Salgescher Bauerntochter Trini in den Pfynwald und sperrt sie in eine seiner Gorwetschhöhlen. Dabei begeht er einen Fehler nach dem andern und kann schließlich an einem Erntedankfest in Salgesch überwältigt und dem Richter übergeben werden.

Ältere Leute wüssten heute noch von Räuberhöhlen und Beutelagern im Vanoischi, schreibt Schnidrig am Ende seiner Fortsetzungsgeschichte. Im Herbst 2009 mache ich mich auf die Suche. Ohne Erfolg. Falls es im Vanoischi jemals Räuberhöhlen gegeben hat, hat sie der Illgraben doch längst zugeschüttet. Auch das wilde Gelände am Fuß des Gorwetsch nehme ich mir vor. Mühsam kämpfe ich mich durch den steilen Satzwald, rutsche über die Geröllhalden der Wäschinen und komme schließlich via Brand- und Harzbodenwald zum verlassenen Gipsstollen der Gebrüder von Werra in Pfyn. Wieder nichts. Wie das Vanoischi ist auch die Bergflanke des Gorwetsch ewig im Wandel, und obwohl sie relativ übersichtlich ist, gibt es hier tausend sichtbare und unsichtbare Verstecke.

Eigentlich hätte ich es wissen müssen. Es ist unmöglich, die verborgenen Räuberhöhlen von Lisür, Räuber Peter oder Peschol aufzuspüren. Wenn ich den Schluss der Sage von Räuber Peter und dem Bauern aus Niedergampel aufmerksamer gelesen hätte, wäre mir das früher schon klargeworden. «Nach dem Tod von Räuber Peter erinnerte sich der Bauer an die in der Räuberhöhle verborgenen Schätze, die vielen schönen Leinwandballen und farbigen Seidenstücke, die alle zugrunde gehen mussten, wenn sie niemand holte. Da sattelte er sein Pferd und ritt hinunter in den Wald. Er fand die Stelle, wo ihn der Räuber angefallen, und den Dornbusch, wo er das Pferd angebunden hatte, aber den Eingang zur Höhle konnte er trotz allem Suchen und Hineinkriechen in die Büsche nicht finden. Der Dornengesträuppe waren so viele, und sie sahen sich alle so gleich, dass er sich nicht mehr zurechtfinden konnte. Mit leeren Händen musste er heimkehren, und es ist bis zur heutigen Stunde niemand gelungen, die kostbaren Schätze zu heben.»

JENSEITS DES ILLGRABENS, 1980–1985

Als unseres Lebens Mitte ich erklommen,
Befand ich mich in einem dunklen Wald,
Da ich vom rechten Weg abgekommen.

Wie schwer ist's, zu beschreiben die Gestalt
Der dichten, wilden, dornigen Waldeshallen,
Die, denk ich dran, erneun der Furcht Gewalt!

Kaum bittrer ist es in des Todes Krallen;
Des Guten wegen, das er mir verwies,
Bericht ich, was im Wald sonst vorgefallen.

Dante Alighieri, ‹Die göttliche Komödie›

Mein Großvater ertränkte die gefangenen Mäuse im eiskalten Wasser. Der Herr Pfarrer verbot uns die «nackten Heftchen» vom Bahnhofskiosk. Und unser betrunkener Nachbar Charly Mory klingelte nachts um zwei mit über den Kopf gestülpter Jacke Sturm an unserer Haustür und umarmte meine Mutter.

Die Erwachsenen waren mir ein Rätsel. Schon in der Primarschule fiel mir auf, dass die meisten sehr ernste Gesichter machten und wenig sprachen. Eine Zeitlang dachte ich, dass sie Worte sparten. Ich war überzeugt, dass jeder Mensch ein Sprechkonto hatte, von dem jedes einzelne Wort abgezählt wurde, das über seine Lippen kam. Sank der Wortkredit auf null, war das endgültige Verstummen so sicher wie das Requiem in der Totenmesse. Ich befürchtete, dass es nur noch eine Frage von Monaten, Wochen oder gar Tagen war, bis sich mir die Zunge versteifte und ich nur noch lallen konnte. Aber etwas irritierte mich. Warum geizte meine Großmutter nicht mit ihren Worten? Wie konnte sie so großzügig mit ganzen Erzählungen um sich werfen? Im Alter von sechzig, siebzig Jahren! Entweder hatte sie unzählige Nachkredite bezogen, oder aber – und davon ging ich aus – sie war eine Ausnahme. Wie in allem.

Die Erwachsenen setzten ihre Worte für Aufforderungen und Befehle ein. Mit dem Herrn Pfarrer waren sie einer Meinung, dass die Welt ein Tränental und der Schlüssel ins Paradies im Besitz der katholischen Kirche sei. Also schickten sie uns Kinder in alle möglichen Prozessionen und Andachten, zum Kreuzweg und in die Maiandacht, in die Herz-Jesu-Messe und zum Rosenkranz. Seltsam aber war, dass dieselben Erwachsenen am liebsten ins Nachbardorf Agarn zur Messe gingen, weil der Pfarrer dort für einen Sonntagsgottesdienst – inklusive Predigt – nur fünfunddreißig Minuten brauchte. «So schnell war noch keiner!», schwärmten sie. Allmählich verstand ich: Bevor der Wortkredit aufgebraucht war und sich einem die Zunge versteifte, spaltete sie sich.

Die Erwachsenen waren langweilig. Wenn sie miteinander redeten, sprachen sie vom Wetter, von den Rabatt-Aktionen im Konsum oder den Fußballresultaten. Sie zählten auf, wer an welcher Krankheit gestorben war und wer eine gute Partie gemacht hatte. Wer ein uneheliches Kind geboren oder ein zweites Auto gekauft hatte. Sie entsetzten sich über meine Tante, die als erste im Dorf den Sonntagsbraten durch den Brunch ersetzte. Oder schüttelten wortlos den Kopf, als der junge Johann Kuonen nach der Matura lieber Schafe hütete, statt einen ordentlichen Beruf zu erlernen.

Um keinen Preis wollte ich erwachsen werden. Und unter keinen Umständen wollte ich Mitglied im Chor der großen Schweiger werden.

Als im Schulhaus von Leuk die neue Bibliothek eröffnet wurde, entdeckte ich ein neues Universum: die Welt der Bücher. Sie erzählten mir Geschichten, die sehr viel interessanter waren als die Wirklichkeit. Mit den Abenteuern von Winnetou und Old Shatterhand, Tom Sawyer und Huckleberry Finn kam eine neue und faszinierende Spannung in mein Leben.

Lesen war der Höhepunkt meines Tages, der nur dann ein guter Tag war, wenn ich genügend Zeit für die Bücher hatte. Weil mein Alltag mit Schule, Aufgaben, Fußballtraining und Messbesuchen aber sehr ausgefüllt war, begann ich insgeheim auch in der Schule und nachts im Bett zu lesen. Eins wurde mir dabei klar: Das Leben musste so organisiert werden, dass möglichst viel Zeit zum Lesen übrig blieb. Das war das Wichtigste überhaupt, wichtiger als die Berufswahl und vielleicht sogar wichtiger als die Wahl der Ehefrau.

Ich war glücklich. In meinem Kopf entstand eine neue und geheime Welt, in der sich wunderbar leben ließ. In ihr wohnten nicht nur die Helden meiner Bücher, sondern auch meine Lieblingsfiguren aus den Geschichten meiner Großmutter: Antoinette Beck, die schlagfertigste Trinkerin vor dem Herrn, die Pfarrer Schaller klarmachte, dass ihr ein Gang ins Hotel Krone lieber sei als die Aussicht auf das ewige Leben im Paradies. Oder der eigenartige Wilhelm Bayard, der von einem Tag auf den andern verschwand und Monate später in einer versteckten Pfynwaldhöhle aufgespürt wurde.

Ich war unersättlich, holte ein Buch nach dem andern aus der Bibliothek und fraß mich immer tiefer in die Welt der Bücher ein. Mit dem ersten selbstverdienten Geld kaufte ich ‹Fliegende Untertassen – Rätsel im All›, mein erstes eigenes Buch. Auf jeden Geburtstag und jede Weihnachten wünschte ich mir von da an immer nur eins: neue Bände von Karl May.

Meine Faszination für Bücher und Geschichten war vielen unverständlich. Pfarrer will er werden, neckte mich mein ältester Bruder und erzählte es jedem ungefragt. Als meine Großtanten im Ursulerinnenkloster in Brig davon erfuhren, standen sie tags darauf vor unserer Haustür und segneten mich. «Du wirst der nächste Priester in unserer Familie sein», flötete die eine mit konspirativ zum Himmel gerichtetem Blick, während mir die andere mit ihren scharfen Fingernägeln das Kreuzzeichen auf die Stirn ritzte. Ganz falsch lagen die Schwestern meines Großvaters, die laut Maya die Geheimpolizei Gottes leiteten, nicht. Pfarrer wäre vielleicht eine Möglichkeit, dachte ich mir. Aber wollte ich jeden Samstag die gleiche Messe lesen?

So richtig verstanden fühlte ich mich nur von Herrn Garovi, meinem Deutschlehrer am Kollegium Spiritus Sanctus in Brig. Die Begeisterung, mit der er über Bücher redete, faszinierte mich. Sein Unterricht wurde zum neuen Hochamt in meinem Leben. Ich schrieb mir die Finger wund, wenn er über Goethe, Shakespeare oder Dürrenmatt sprach, und war traurig über jede Stunde, die ausfiel. Etwas aber war seltsam: Wie war es möglich, dass der gleiche Professor Garovi, der vor der staunenden Klasse Rilke-Verse parodierte und Lieder aus der ‹Dreigroschenoper› sang, außerhalb seines Schulzimmers ein überaus schüchterner Mensch war, der kaum ein Wort sagte und die Straßenseite wechselte, wenn er Bekannte auf sich zukommen sah?

Es dauerte nicht sehr lange, bis ich an mir selbst eine ähnliche Spaltung beobachten konnte. Je tiefer ich in den Sog der Bücher und in die Welt der Geschichten geriet, umso fremder wurde mir meine Umwelt. Erfundene Personen standen mir plötzlich näher als reale. In meiner Familie machte man sich Sorgen. «Pass nur ja auf», sagte meine Großmutter, «dass es dir nicht geht wie Onkel Jean, dem jüngeren Bruder von Victor. Der hat zu viel studiert und ist gestorben.»

Ich fühlte mich unverstanden und konnte mir nicht vorstellen, die Welt der Bücher wieder zu verlassen. Oft musste ich in dieser Zeit an den Tschingeru-Viti denken, der, wenn er betrunken aus der ‹Krone› kam, schwadronierte: «Ich hatte zwei Möglichkeiten in meinem Leben: weggehen oder zur Flasche greifen.» Er habe sich für das Falsche entschieden, lachte er höhnisch. «Und weißt du warum?», fragte er jeden, der seinen Weg kreuzte. «Weil es viel zu schwierig ist, ein Leben lang Komödie zu spielen.»

Ich musste über den Illgraben. Weil ich nicht über die Brücke der Kantonsstraße gehen wollte, suchte ich nach einer Stelle, an der ich in den Graben hinunter- und auf der anderen Seite wieder hinaufsteigen konnte. Ein letzter Rest von schlechtem Gewissen machte sich bemerkbar, als ich am Rande des Galgenwalds über verkrusteten Schlamm in das tief ausgefressene Bett des Wildbachs rutschte. Zwei- oder dreimal verlor ich das Gleichgewicht, musste mich mit den Händen abstützen und schürfte mir dabei an den kleinen spitzigen Steinen im gelbbraunen Löss die Handflächen auf. In der Mitte des Grabens schlängelte sich zwischen vereinzelten Felsbrocken ein kümmerliches Bächlein ins Tal. Ich wusste nur zu gut, dass sich dieses harmlose Rinnsal innert Sekunden in den mörderischen Höllengraben verwandeln konnte, in dem kein Stein mehr auf dem andern blieb. Mit hastigen Schritten wollte ich die gegenüberliegende Wand hochklettern. Aber mit jedem Auftreten lockerte sich der verkrustete Löss unter meinen Füßen, und ich rutschte wieder in den Graben zurück. Ich spürte, wie mein Puls schneller wurde. Nach einigen gescheiterten Anläufen versuchte ich es mit panikartigem Hochkraxeln auf allen vieren. Mit Mühe und Not kam ich schließlich auf die gegenüberliegende Seite.

Mit klopfendem Herzen stand ich am Eingang des Pfynwalds. Ich folgte dem erstbesten Pfad, angespannt und unsicher. Aus der Tiefe des Waldes drang das müde Ächzen der Föhren. Es hörte sich an wie das Knarren einer alten Holztür im Wind. Ich wunderte mich über all die Geräusche im Wald. Ein Rascheln hier, ein Zischen dort. Reflexartig suchten meine Augen nach der Ursache. Wenn sie nicht sofort sichtbar wurde, kochten die alten Ängste in mir hoch.

Ich schritt über leise knisterndes Reisig und sog den süßlichen Duft des Harzes in mich hinein. Meine Schritte wurden ruhiger. Ich entspannte mich. Wohin ich blickte, sah ich nur noch Föhren. Wie selbstbewusst die Bäume dastanden. Durch ihre feingliedrigen Nadelkronen drangen Sonnenstrahlen, die den Wald in ein geheimnisvolles Licht tauchten.

Manchmal sah ich Rehe oder Hasen, einmal sogar einen Fuchs, an den Steilhängen des Vanoischi fast immer Gemsen. Ich mochte das lebendige Schattentheater des Waldes, erforschte suchend seine Weite und spürte seine große Ruhe. Zum ersten Mal in meinem Leben sah ich einen Wald.

Wie die Geschichten in den Büchern löste auch der Pfynwald sofort eine große Faszination in mir aus. Die verschlungenen Waldpfade wurden mir zum Spiegel meines ungewissen Wegs, die erodierenden Schründe und Abgründe des Illochs zum Abbild meiner inneren Unruhe. Endlich sah ich die Schauplätze jener Geschichten, die ich nur aus Mayas Erzählungen kannte. Auf einem leicht ansteigenden Pfad folgte ich dem Bachbett des Illgrabens bis an die schroffe Gorwetschwand, deren Schutthalden wie helle Zungen in den Talgrund reichen. Hier irgendwo musste sich Wilhelm Bayard, der letzte Pfynwaldräuber, wie meine Großmutter immer sagte, einst vor der Welt versteckt haben.

Eine andere Route führte mich über weite Baumgärten zu einem auf Pfählen stehenden Haus, von dem ich später erfuhr, dass es über Jahre der Zufluchtsort des Dichterpaars Corinna Bille und Maurice Chappaz gewesen war. Von hier aus folgte ich der von Pappeln gesäumten Wasserleitung bis zum Pfyndenkmal auf dem Turrilji-Hubel, der einen weiten Rundblick über den Pfynwald bot. «Unsern Vätern. Für Gott und Vaterland. 1799», lautete die Inschrift auf dem Granit-Obelisken, dessen Spitze die Baumkronen überragt und weithin sichtbar ist. Im Kampf gegen den großen Napoleon Bonaparte hätten die listigen Oberwalliser Weinfässer ins Lager der heranrückenden Franzosen gerollt, erzählte meine Großmutter, diese damit betrunken gemacht und anschließend in die Flucht geschlagen.

Vom Pfyndenkmal lief ich über die Kantonsstraße in jenen Teil des Pfynwalds, der Ronggen heißt und an das Landgut Pfyn grenzt. Bald schon sah ich den schnurgeraden Alusuisse-Kanal vor mir, der geräuschlos durch den Pfynwald fließt und nach einigen hundert Metern im Gorwetsch verschwindet. Von hier war es nicht mehr weit bis zum vergessenen Gipsstollen des Barons von Werra, der, so hieß es, rund hundert Meter in den Gorwetsch führt. Über einen wild verwachsenen Zugangspfad kam ich zum Stolleneingang. Als ich sah, dass die Gittertür nur angelehnt war, kramte ich meine Taschenlampe hervor und betrat den schmalen Stollen, in dem allerlei Gerätschaften auf dem Boden lagen. Nach rund dreißig Metern stieß ich auf ein weitverzweigtes Höhlensystem. Mit der Taschenlampe leuchtete ich in die verschiedenen Kammern. Elektrodrähte hingen von den Wänden, verschiedene Kessel und Eimer, große Papiersäcke voller Kalk und verrostete Werkzeuge lagen in wildem Durcheinander auf dem Höhlenboden.

Bald darauf lief ich über das Landgut Pfyn zu den zwischen Senken und weichen Hügeln eingebetteten Pfynseen. Hier verwandelt sich der steinig-trockene Waldboden zum humusreichen Teppich, auf dem die Föhren bis zu zwanzig Meter in die Höhe ragen. Im angrenzenden Pfynwaldweiler Millieren traf ich Martina Salamin-Cina. Das vorherrschende Gefühl ihrer Kindheit im Pfynwald sei die Angst gewesen, erzählte mir die ältere Frau. Das Muggenseeli sei ihr bis heute unheimlich. Ihre Großmutter habe gesagt, der See habe keinen Boden, und ihre Mutter, die dort einmal ein blutiges Hemd habe schwimmen sehen, habe jedes Mal ein Vaterunser gebetet, wenn sie in der Dunkelheit am See vorübergegangen sei. Auch vor dem Pfaffaretsee habe sie Angst gehabt. Hier wohnten gefährliche Hakenmännchen, die jeden in die Tiefe zogen, der hier badete. Als Kind habe sie alle diese schrecklichen Geschichten geglaubt, schüttelte Martina Salamin-Cina mit breitem Schmunzeln den Kopf. «Z'Erlaffu», rief sie mir nach unserem Abschied noch nach, «ischt bis hitu mini grehschti Angscht!»*

Zu meinem Lieblingssee im Pfynwald wurde der zwischen sanften Hügeln versteckte Pfaffaretsee. In seinem grünglitzernden Wasser spiegelte sich der Gorwetsch. Ein leiser Wind strich über die glatte Wasseroberfläche, und die

* «Ertrinken ist bis heute meine größte Angst!»

mannshohen Schilfsträucher standen da wie zu allem entschlossene Wachposten. Kein See war schöner zum Baden.
Nirgends gab es prächtigere Libellen als hier. Himmel-
blaue, smaragdgrüne, gold- und rubinfarbene glitzerten auf
Schilfgräsern oder tänzelten elegant und akrobatisch durch
die Luft. Dass es keiner wage, diesen Ort zu schänden!

Einige Jahre lang war der Pfaffaretsee mein wichtigster
Rückzugsort. Auf dem alten hölzernen Badesteg konnte
ich mich ungestört meiner Lektüre widmen. Die alte Ba-
dehütte am Ufer verwandelte sich dabei in die Waldhütte
des amerikanischen Schriftstellers Henry David Thoreau,
der sich 1845 für zwei Jahre aus der Zivilisation in eine
selbstgezimmerte Waldhütte am Ufer des Waldensees zurückgezogen hatte, um sich nur noch dem Wesentlichen
des Lebens zu widmen. Thoreaus Buch ‹Walden oder Leben
in den Wäldern› war zu dieser Zeit oft in meinem Rucksack, wenn ich mich in den Pfynwald aufmachte.

Schließlich verließ ich das Wallis und ging an die Univer-
sität. Meine Wanderungen durch den Pfynwald wurden
seltener. Wald und Seen aber blieben wichtige Fixpunkte
in meinem Leben. Genauso wie meine Großmutter. Wenn
sich eine Gelegenheit ergab, besuchte ich sie und lauschte
noch als Student ihren Geschichten. Als sie achtzig Jahre
alt wurde, schickte sie mir ein längeres Gedicht, das mit
folgenden Zeilen begann:

Ich werde alt,
zu Dir, Herr, komme ich bald.
Doch eigentlich hat es noch Zeit,
denn lang, lang ist die Ewigkeit.

Einige Jahre später kam Maya in das Pflegeheim auf dem zwischen Susten und Leuk auf halber Höhe liegenden Ringacker, wo sie freie Sicht von oben auf ihren Hexenplatz und den Pfynwald hatte. Sehr bald schon sagte sie mir, dass sie um ihren Tod bete. Schmerzen seien ihr tägliches Brot, und wenn sie noch lange lebe, habe sie Angst, «das große Examen des Sterbens» nicht zu bestehen. Die Todesnachricht erreichte mich am 28. Februar 1999 in London. Weil ich unbedingt an ihre Beerdigung wollte, musste ich kurzfristig meinen Rückflug umbuchen. Dabei kam es im Büro der Fluggesellschaft zu einer Szene, aus der Maya mit Sicherheit eine amüsante Geschichte gemacht hätte. Als ich dort erklärte: «My grandmother died last night», lachten mich die beiden Männer am Schalter aus, und ich lernte, dass dieser Satz die beliebteste aller britischen Notlügen ist.

Nach dem Tod meiner Großmutter stand ihr Haus einige Zeit leer. Nachdem man es geräumt hatte, wurde es schließlich verkauft. Ich war schockiert und beschloss, den Hexenplatz nie wieder aufzusuchen. Ich wollte nicht, dass andere Leute hier wohnten und ich keinen Zugang mehr in jenes Haus hatte, in dem hundert Falltüren in die Vergangenheit und ein breites Tor in die Welt der Phantasie führten.

«JESUS MARIA, DIE WELSCHEN!»

«Ich sehe nur eine Möglichkeit», sagte er und erhob sich von seinem Stuhl. «Wir müssen uns in den Pfynwald zurückziehen. Wälle und Schanzen bauen, Späh- und Horchposten einrichten und die Geschütze in Stellung bringen.»

«Ach was!», fuhr Oberst von Stockalper dazwischen. «Wir müssen das verdammte Pack angreifen und uns nicht vor ihm im Wald verkriechen.»

«Wenn Herr Oberst erlauben», entgegnete er höflich, «werde ich meinen Plan noch genauer darlegen.»

«Jetzt machen Sie schon», antwortete dieser barsch.

Er öffnete die Karte und zog als erstes mit dem Zeigefinger eine Linie über den schmalen Talgrund beim Weiler Pfyn. «Genau hier», erklärte er und blickte ernst in die Runde, «zwischen dem Gorwetsch und dem Rotten, muss unsere Hauptverteidigungslinie sein. Im rückwärtigen Raum ist der dichte Föhrenwald, und vor uns sind die weiten und gut überblickbaren Wiesen- und Ackerflächen von Pfyn.»

Was diesen Standort besonders begünstige, fuhr er nach einer kurzen Pause fort, seien die nur schwer zu überwindenden Berghänge. Im Norden habe sich die abschüssige Dalaschlucht tief in den Fels gefressen, und im Süden riegelten die steilen Geröllhänge des Gorwetsch den Talgrund ab. Ein paar erhöhte Beobachtungsposten und Schützennester reichten

aus, um diese Übergänge zu sichern. Für den unwahrscheinlichen Fall, dass der Feind dennoch über die Berghänge vorzudringen versuche, seien Felsblöcke bereitzustellen, die auf dem losen Hang schnell größere Steinlawinen auslösten und jeden Angreifer zermalmten.

«Und wo schlagen wir unser Hauptlager auf?», wollte Kaspar von Riedmatten wissen.

Dafür brauche es einen geschützten Ort im rückwärtigen Raum, führte er aus. Die große Waldwiese am Fuß des Turrilji-Hubels sei das ideale Lager. Der schmale Hügelzug biete gute Sicht und freies Schussfeld auf jeden Angreifer. Ein Überraschungsangriff sei hier sehr unwahrscheinlich. Im ganzen Pfynwald gebe es keine befestigtere Stellung. Und selbst wenn der Feind den Sperrgürtel durchbreche, böten sich hier immer noch Möglichkeiten zum Widerstand. Das wisse jeder, der die großen Schlachten der Weltgeschichte studiert habe. Im Jahre neun nach Christus habe der Germane Arminius den überlegenen römischen Truppen im Teutoburger Wald eine schreckliche Niederlage beigebracht, die den römischen Heerführer Varus in den Selbstmord getrieben habe.

Bartholomäus Walther war froh, als er sich wieder hinsetzen konnte. Es war die schwierigste Rede seines Lebens gewesen. Nur zaghaft waren ihm die Worte über die Lippen gekommen. Ob es richtig war, was er dem Kriegsrat vorgeschlagen hatte? Er wusste es nicht und hatte Zweifel. Noch nie hatte er mit derart komischen Gefühlen vom «Feind» gesprochen. Sicher, Frankreich war der Feind, aber viele Soldaten, die Siders belagerten und ins Oberwallis wollten, stammten aus dem Unterwallis und der Waadt, und an ihrer Spitze stand mit Franz-Josef Schiner sogar ein

Oberwalliser, den er seit seiner Jugendzeit kannte und der wie er aus dem Goms stammte. Gab es denn wirklich keine andere Möglichkeit, als zu kämpfen? Die alte Freiheit und die katholische Religion seien in Gefahr, hatten Bischof Blatter und Zehndenhauptmann de Sepibus gesagt. Deshalb habe man keine andere Wahl, als zu den Waffen zu greifen. Aber war das diesmal nicht allzu verwegen, bei diesem militärisch überlegenen Gegner, dessen oberster General der große Napoleon Bonaparte war, vor dem ganz Europa zitterte?

Eine ganze Weile lang war es still in der Burgerstube von Leuk. Bartholomäus Walther blickte in die Gesichter seiner Tischnachbarn. Oberst von Stockalper, der den Simplon verteidigen sollte, starrte ins Leere. Franz Taffiner, mit dem er in Paris die Unteroffiziersschule absolviert hatte, nickte ihm stumm zu. Was hatte es zu bedeuten, dass Kaspar von Riedmatten, der gern selber Heerführer geworden wäre, mit dem Zeigefinger auf die Tischplatte klopfte? Dominik Lochmatter, der den militärischen Widerstand öffentlich als riskant bezeichnet hatte und seither für viele ein Landesverräter war, biss sich auf die Lippen, und Peter Brunner, der den Pfynwald wie kein zweiter kannte, verdeckte mit den Händen sein Gesicht. Alle schienen den Ernst der Lage begriffen zu haben, und allen war klar, dass Zehndenhauptmann und Kriegsratspräsident Leopold de Sepibus, der etwas abseits von der Gruppe allein an einem Tisch saß, über das weitere Vorgehen entschied. Als dieser nach einem langen Augenblick beklemmenden Schweigens schließlich sagte: «Einmal wird auch diesem Bonaparte die Stunde schlagen!», waren alle Zweifel ausgeräumt. David nahm den Kampf gegen Goliath auf.

Als zugewandter Ort der Eidgenossenschaft war das Wallis über Jahrhunderte ein unabhängiges Land gewesen. Bischof Blatter, der den Titel «Graf und Präfekt des Wallis» trug, Landeshauptmann Jakob Valentin Sigristen und der parlamentarische Landrat konnten nicht akzeptieren, dass Napoleon Bonaparte das alte Wallis 1798 zu einem reinen Verwaltungsbezirk der von Paris aus gesteuerten Helvetischen Republik gemacht hatte. Der Verlust der politischen Eigenständigkeit, hohe Steuern, französische Zwangsrekrutierungen sowie kirchenfeindliche Erlasse – nach Artikel 6 der Helvetik stand jeder Gottesdienst unter der Aufsicht der Polizei – sorgten dafür, dass die Stimmung im Oberwallis sehr gereizt war und schnell zu explodieren drohte. Im Unterwallis hingegen, das viele Jahrhunderte lang Untertanengebiet der oberen Zehnden gewesen war, hieß man die Franzosen als Befreier vom Oberwalliser Joch willkommen und stellte Freiheitsbäume auf. An Christi Himmelfahrt, dem 17. Mai 1798, kam es zu einem ersten größeren Gefecht: Unterhalb von Sitten griffen helvetische und französische Truppenverbände die zum Teil mit Spießen und Heugabeln bewaffneten Oberwalliser an und besiegten sie nach kurzer Schlacht. Der französische General Mangourit war erstaunt: «Diese Oberwalliser Fanatiker haben sich gewehrt wie Tiger; sie starben, ohne einen Seufzer von sich zu geben. Oft mit dem Rosenkranz in der Hand.»

Als sich nur ein knappes Jahr später die Sabotageakte häuften, im Oberwallis Freiheitsbäume niedergerissen, Steuern nicht bezahlt wurden und viele junge Männer den Eintritt in die helvetische Armee verweigerten, spitzte sich die Situation erneut zu. «Ich erfahre», so der Unterwalliser Historiker Anne-Joseph de Rivaz, «dass diese

Leute beten und überzeugt sind, dass Gott ihnen in allem beisteht.» Mitte April 1799 verschanzten sich an die zweitausend kampfwillige Oberwalliser im Pfynwald. Nach den Plänen von Bartholomäus Walther wurde ein Schanzgraben mitsamt mächtigem Wall gebaut, der vom Gorwetsch bis zum Rotten reichte. Das Hauptlager der Truppe befand sich auf der Waldwiese hinter dem Turrilji-Hubel, auf der zahlreiche Zelte und einige notdürftig errichtete Baracken standen.

Nach zehn Tagen relativer Waffenruhe griffen die Oberwalliser am 28. April 1799 die Stellungen der Franzosen in Siders an, drängten sie weit ins Unterwallis zurück und eroberten ihre Hauptstadt Sitten zurück. Hier feierten sie drei Tage lang ihren Überraschungssieg, und als gemeldet wurde, dass Frankreich mit neuen Truppen aus der Westschweiz Richtung Wallis marschierte, zog sich Bartholomäus Walther mit seinen Truppen erneut in den Pfynwald zurück. Das Spiel begann von vorn. Die Franzosen bezogen ihre Stellungen am Rand des Pfynwalds, in dem die Oberwalliser mit ihrer Guerillataktik die gegnerischen Angriffe eins ums andere Mal zurückschlugen und zu kleinen Störangriffen übergingen. Zu einer Entscheidung kam es nicht.

Am 24. Mai 1799 traf eine französische Halbbrigade von 1800 Mann und mit ihnen General Charles-Antoine-Dominique Xentrailles in Siders ein. Dieser löste den erfolglosen Oberwalliser Kommandanten Franz-Josef Schiner ab und setzte auf eine neue Strategie: Von Siders aus wollte er die Oberwalliser in den drei folgenden Tagen durch Scheinangriffe in Unruhe versetzen, sich dann ins Unterwallis zurückziehen und beim Gegner den Eindruck erwecken, man habe sich zum Rückzug aus den Pfynwald-Stellungen entschlossen. Anschließend wollte er den Feind mit einem nächtlichen Angriff ohne Schwertstreich entwaffnen. Alles musste perfekt vorbereitet werden und jeder einzelne Soldat seine Aufgabe bis ins Detail kennen. Wie ein chirurgischer Eingriff sollte die ganze Aktion über die Bühne gehen.

«In der Nacht vom 27. auf den 28. Mai 1799 wurde der Plan ausgeführt, und der Feind ließ sich tatsächlich täuschen», schreibt der Waadtländer Jean-Jacques Freymond, der als Fourier der helvetischen Truppen Augenzeuge der Ereignisse im Pfynwald war. «Übermüdet und sich in falscher Sicherheit wiegend, hatten sich außer der Wache und den Leuten, die das Feuer des Feldlagers unterhielten, alle ins Hauptlager im Pfynwald zurückgezogen, um sich auszuruhen.»

Bartholomäus Walther teilte die Zuversicht im Oberwalliser Kriegsrat nicht. Warum nur ließen sich die militärisch und zahlenmäßig überlegenen Feinde so einfach aus ihren Stellungen in Siders vertreiben? Die wussten doch längst, dass sie nur sieben Geschütze und zwei hölzerne Kanonen hatten. Mit gemischten Gefühlen beobachtete er die im Pfynwaldlager um sich greifende Siegesstimmung, die Ausgelassenheit der trinkfreudigen Soldaten und die Sorglosigkeit einiger ihrer militärischen Führer. Es gefiel ihm gar nicht, dass Zehndenhauptmann de Sepibus erlaubt hatte, dass Frauen ins Lager kommen, die Feldküche übernehmen und sich um die Soldaten kümmern. «Die Männer sind müde», hatte dieser geantwortet, als Walther seine Bedenken anmeldete, «und in den nächsten zwei Tagen wird ganz sicher nichts passieren.»

Das Allerschlimmste wäre ein nächtlicher Überfall. Das Lager auf der Waldwiese konnte dabei leicht zur tödlichen Falle werden. War es nicht überaus leichtsinnig von de

Sepibus, diese Möglichkeit gar nicht in Betracht zu ziehen? Er musste etwas tun. Als es eindunkelte, suchte er als erstes die Lagerwache auf, wies sie auf die besondere Gefahr hin und schritt anschließend den vorgelagerten Wall ab, wo von den zwölf eingerichteten Wachposten nur gerade einer besetzt war. Was für ein Leichtsinn! Aber es kam noch schlimmer: Im unteren Pfynwald waren drei der fünf Wachposten unbesetzt, und die Brücke in Siders war sogar gänzlich unbewacht.

Als Bartholomäus Walther kurz vor Mitternacht ins Lager zurückkehrte, waren die Lagerfeuer gelöscht, und die meisten Soldaten schienen zu schlafen. Nur sehr vereinzelt hörte man noch Stimmen. Ob er nicht doch noch die Wachen verstärken sollte? De Sepibus würde darüber sehr verärgert sein. Nach den Erfolgen und all den Strapazen der letzten Tage brauchten die Männer jetzt vor allem eins, hatte er im Kriegsrat mehrfach betont, Ruhe und Schlaf. Vielleicht hatte er ja recht, und seine Befürchtungen waren unbegründet. Unverrichteter Dinge begab sich Bartholomäus Walther schließlich in das Kommandozelt in der Mitte der Waldwiese, wo Zehndenhauptmann de Sepibus wie jede Nacht breit vor sich hin schnarchte.

Am Anfang sei alles genau nach Plan gelaufen, beginnt der Waadtländer Fourier Jean-Jacques Freymond seine Erzählung über die Schicksalsnacht vom 27. auf den 28. Mai 1799. Als erstes mussten die Oberwalliser Wachposten überwältigt werden, tot oder lebendig und ohne dass sie einen Laut von sich geben konnten. «Zwei Schützen führten diese heikle Aufgabe aus, indem sie sich, auf dem Boden kriechend, in der Dunkelheit heranschlichen. Die erste Wache wurde an der Kehle gepackt, ohne dass sie einen Laut von sich geben konnte. Die andern Wachen, die sich auf die jeweils vorderen verlassen hatten und sich deshalb in Sicherheit wähnten, wurden auf dieselbe Weise genommen.»

In aller Stille und auf verschiedenen Schleichwegen rückten die helvetisch-französischen Truppenverbände daraufhin in den Pfynwald vor und zogen einen immer enger werdenden Kreis um das Waldlager der Feinde, «die einen Schlaf genossen, der dem Tod so nahe war».

Der Plan von General Xentrailles, die aufständischen Oberwalliser zu entwaffnen, wäre vermutlich aufgegangen, wenn nicht plötzlich ein Schuss die mitternächtliche Stille zerrissen hätte. Über seinen Urheber streitet man sich bis heute: Jean-Jacques Freymond behauptet, ein tolpatschiger französischer Rekrut habe an seiner Muskete manipuliert; die Oberwalliser sagen, ein heldenhafter Wachposten habe, meuchlerisch von hinten niedergestochen, im Sterben noch einen Warnschuss abgeben können.

Über die Folgen des nächtlichen Schusses sind sich die beiden Seiten einig. «Der Schuss gab das Alarmsignal», so Freymond. «Wie ein Donner geht nun ein Stimmengewirr durchs Lager. Verwirrt und entsetzt schreit alles: ‹Zu den Waffen!›, und jeder ergreift die seine: Offiziere, Tambouren, Marketenderinnen, Frauen und Priester mit Kruzifixen in den Händen.»

Bartholomäus Walther stürmte als einer der ersten aus dem Kommandozelt. «Die Welschen», vernahm er entsetzte Warnrufe von den Rändern des Lagers. «Welsche, überall Welsche!» Innert kürzester Zeit herrschte ein großes Durcheinander auf der stockdunklen Waldwiese. Menschen irrten umher, flüchteten von den Rändern gegen die Mitte, wo es zu einem heftigen Gedränge kam. «Auf die Seite mit euch», schrie eine tiefe Männerstimme, «ich muss zu meinem Gewehr!» Angst und Schrecken machten sich breit. «Jesus Maria», entsetzte sich eine panische Frauenstimme, «wir müssen sterben!»

An eine geordnete Gegenwehr war nicht zu denken. Vermutlich war das Lager umzingelt, und Hunderte von Musketen waren auf die Oberwalliser gerichtet. «Ergeben Sie sich», hörte man plötzlich eine kräftige Stimme vom Turrilji-Hubel rufen. Als sich Bartholomäus Walther umwandte und nach seiner Muskete griff, sah er den Zehndenhauptmann Leopold de Sepibus mit versteinerter Miene hinter sich stehen. «Wir müssen uns ergeben», schrie er ihm zu, «wir haben keine Chance!»

Er hatte den Satz noch nicht zu Ende gesprochen, als plötzlich von verschiedenen Stellen im Lager das Feuer auf den Turrilji-Hubel eröffnet wurde. Die Antwort kam jählings. Von allen Seiten krachte es, man sah die Mündungsfeuer zahlloser Musketen aufblitzen, deren Kugeln wie ein Bleihagel auf das Oberwalliser Lager niedergingen. Zum großen Durcheinander kamen schreckliche Schmerzensschreie und Hilferufe. Panik machte sich breit, und Walthers «Nicht schießen, nicht schießen!» ging unter in der nächsten Feuersalve, die auf das Waldlager niederging. Peter Brunner wurde getroffen, sank zu Boden, ein Priester, der ein Gebet vor sich hin murmelte, kümmerte sich um ihn. Gegen die Pfynwaldstraße hin brannte plötzlich der Wald. Die Lage war völlig aussichtslos. Die einzige Rettung lag in einem Ausbruch aus dem Lager, in dem die Leute von den gegnerischen Musketen förmlich zersiebt wurden. Doch dazu musste erst eine Schneise in den Umklammerungsriegel der Feinde geschlagen werden.

Jean-Jacques Freymond beobachtete «das grausame Gemetzel» vom Turrilji-Hubel aus: «Es war ein schreckliches Blutbad: Die stolzen und hochmütigen Oberwalliser fielen unter dem Feuerhagel der Bataillone, die sich auf den Schanzen in Stellung gebracht hatten. Die Anlagen, die sie zu ihrem Schutz erstellt hatten, wurden zu ihrem Grab. Die Walliser Amazonen versuchten sich mit allen Mitteln zu verteidigen, die sie in der Eile ergreifen konnten, und stellten sich den Angriffen mit ungewöhnlichem Mut und Verbissenheit entgegen. Die Frauen stürzten mit einer kaum vorstellbaren Wut in die gegnerischen Bajonette. Bewaffnet mit Gabeln, Sensen, Hacken und ähnlichen Geräten bewiesen sie ihre Bereitschaft, ihr Leben teuer zu verkaufen.»

«Wir müssen eine Bresche in die Front schlagen», schrie Bartholomäus Walther den Soldaten in seiner Umgebung zu, «und in Richtung Illgraben ausbrechen.» Doch es rückte bereits eine erste Reihe von Feinden mit den auf ihren Musketen aufgepflanzten Bajonetten ins Waldlager vor. Erbarmungslos stachen sie auf alles ein, was sich bewegte. Reihenweise wurden die Oberwalliser an den Rändern des Waldlagers an der vordringenden Bajonettwand aufgespießt. Schreckliche Angst- und Schmerzensschreie hallten durch die Nacht. Immer noch fielen Schüsse. Am nördlichen Lagerrand fraß sich das Feuer immer tiefer in den Wald und erhellte die Nacht. Bartholomäus Walther war klar, dass sie nur die eine Chance hatten, um aus dem Lager auszubrechen. Auf sein Kommando hin eröffneten an die zwanzig Soldaten gleichzeitig das Feuer auf die Feinde am östlichen Lagerrand und rannten anschließend mit wildem Angriffsgeschrei auf den Abwehrriegel los. Die erste Reihe beider Seiten wurde dabei förmlich aufgespießt, und zwischen den nachfolgenden Soldaten entstand ein brutaler Nahkampf. Wie von Bartholomäus Walther erhofft, drückten nach und nach immer mehr Oberwalliser gegen die Ostflanke des gegnerischen Walls, der schließlich durchbrochen werden konnte. Um die erneute Schließung des Gürtels zu verhindern, setzten die Oberwalliser den Wald in Brand und flüchteten in großer Zahl in Richtung Illgraben und Vanoischi.

Eine Viertelstunde habe «die furchtbare Metzelei» gedauert, schreibt Jean-Jacques Freymond. Über zweihundert Oberwalliser verloren dabei ihr Leben, und auch die helvetisch-französischen Truppen hatten Verluste zu beklagen. General Xentrailles war verärgert über das Scheitern seines Plans. Er verstand diese Oberwalliser nicht. Wie konnten sie so gegen jede Vernunft einen derart aussichtslosen Kampf führen? Weil viele seiner Offiziere auf Rache sannen, gab Xentrailles das Oberwallis schließlich zur Plünderung frei. «Dies Land ist erobert», schrieb er an den helvetischen Kommissär, «erobert mit dem Bajonette, und hier will ich schalten, wie ich will.»

Der Befehl zur Plünderung verwandelte die halbe Talschaft in verbrannte Erde. Wie ein Orkan fegte die entfesselte Gewalt über Tage und Wochen durch zahlreiche Dörfer und Weiler. Die Sieger zogen triumphierend durch das Land, setzten Dörfer in Brand, mordeten, vergewaltigten und räucherten die letzten Widerstandsnester aus. «In der Suste bei Leuk», so der Oberwalliser Pfarrer und Chronist Dionys Imesch, «wurde eine Weibsperson öffentlich geschändet, dann getötet – und bei den Füßen an einen Baum nahe der Landstraße aufgehängt. Bei der Brücke von Leuk metzelten die Franzosen viele Flüchtlinge nieder, aus der

Kapelle oberhalb der Brücke holten sie die Verwundeten, erschossen sie und warfen sie in die Rhone.»

Im gesamten Oberwallis flohen die Menschen aus ihren Dörfern und versteckten sich in Wäldern, Seitentälern oder in ihren Alphütten. «Varen, Agarn und Briannen brannten zur gleichen Zeit», erzählten Christina Erpen und Cäcilia Marty einem damaligen Chronisten. Marty wusste von einem Oberwalliser Soldaten, der den Franzosen in die Hände gefallen war. Er sei auf den Dorfplatz von Varen geführt und zu kleinen Stücken zerhackt worden, dass ihn die Hühner hätten aufpicken können. In der kleinen Berggemeinde Erschmatt verschlangen die Franzosen 15 Rinder, 2 Kühe, 1 Kalb, 15 Rosse, 2 Esel und 3 Füllen. Der Gesamtschaden für das kleine Bergdorf belief sich auf 3553 Kronen. In Außerberg blieb eine Frau bei ihrem kranken Mann. Sie wurde von den Franzosen gezwungen, das Bett ihres Mannes anzuzünden. Einzig Leuk blieb von der Einäscherung verschont. Das alte Städtchen verdankte seine Rettung dem greisen Josef Alex von Werra, der früher als Offizier in Frankreich gedient hatte und im Augenblick der größten Gefahr noch einmal seine alte französische Uniform überstreifte und sich zu General Xentrailles bringen ließ. «Sein kniefälliges Bitten fand Gehör», berichtet eine andere Quelle.

Bartholomäus Walther war dem Gemetzel im Pfynwald unverletzt entkommen. Wie viele andere hatte er ins Oberwallis fliehen können. In Visp formierte er eine Widerstandsgruppe von dreihundert Mann. Nach der blutigen Schlacht im Pfynwald und den wilden Plünderungen war ein Waffenstillstand in weite Ferne gerückt. Obwohl er wusste, dass der Widerstand zwecklos war, ließ er die Brücken über die Rhone und die Vispe zerstören, verschiedene

*Die wilde Rhone und der Pfynwald von Leuk aus gesehen, Stich aus
dem 19. Jahrhundert*

Schanzen bauen und erwartete mit seiner übermüdeten
Truppe den Feind. Als dieser mit einer Abteilung Husaren
und Infanteristen die Vispe überquerte, waren die Oberwalliser schnell besiegt. «Von mehreren Husaren verfolgt»,
schildert eine Chronik aus dem Jahr 1888 das Schicksal
von Bartholomäus Walther, «sprengte er in einen Garten,
lehnte sich an eine Mauer und vertheidigte sich wie ein
Held gegen die feindliche Übermacht. Mehrere Male hatte
man ihn zur Aufgabe aufgefordert, mit der Versicherung,
dass sein Leben geschont werden solle; allein Walther ver-
schmähte diesen Antrag und setzte den Kampf fort. Endlich sank er mit gespaltenem Schädel vom Pferde mit dem
Ruf: ‹Es lebe die Freiheit!›»

Der helvetische Kommissär war bestürzt, als er fünf
Monate nach der Schlacht im Pfynwald durch das Oberwallis reiste. In seinem Bericht schrieb er am 30. Oktober
1799: «Von Leuk aufwärts konnte das gesamte Ackerland

nicht bestellt werden, weil es an Arbeitskräften, Gespannen und Saatgut fehlt; in diesem Gebiet ist nächstes Jahr keine Ernte zu erwarten. Gamsen und Glis sind menschenleer, in Brig leben nur noch wenige, und sie sind alle mittellos. Ich habe mehrmals den dortigen Unterstatthalter besucht. Er ist todkrank und liegt bei bitterer Kälte auf einem elenden Bett ohne Wäsche, nur mit einem leichten Altartuch bedeckt.»

Fast auf den Tag genau hundert Jahre nach der blutigen Schlacht im Pfynwald wurden am frühen Morgen des 22. Mai 1899 auf dem kleinen Bahnhof von Leuk zehn Böllerschüsse abgegeben, die man bis in den hintersten Winkel des Vanoischi hören konnte. Bald darauf trafen mehrere vollbesetzte Sonderzüge ein, aus denen große Menschenmassen strömten. Die Passagiere der ersten Klasse waren besonders vornehm gekleidet. Die Herren trugen Frack und Zylinder, die Damen elegante Röcke und hochgesteckte Frisuren. Noch nie in der knapp zwanzigjährigen Geschichte des Bahnhofs hatten sich so viele Menschen hier versammelt. Führende Politiker waren da, Offiziere in Uniformen, Geistliche in schwarzen Soutanen, Tambouren und Pfeifer. Es herrschte ein großes Durcheinander, und die Landjäger taten sich lange schwer damit, die träge Menschenmasse mit den kreuz und quer durcheinander stehenden 203 Fahnenträgern zu einem geordneten Festumzug zu formieren. Als sich dieser schließlich doch in Bewegung setzte, zog sich ein langer Menschenstrom durch das mit einer Säulenallee und einer Ehrenpforte geschmückte Dorf Susten, überquerte die Illgrabenbrücke und verschwand im Pfynwald. Beim Turrilji-Hubel bog der Umzug von der Straße auf einen schmalen Waldpfad ab, der zu jener Wiese führte, auf der am 27. Mai 1799 rund zweihundert Oberwalliser gestorben waren. Am Fuß des schmalen Turrilji-Hügelzugs, auf dem seit einigen Tagen ein strahlend weißer Granit-Obelisk in den Himmel ragte, hielt als erstes Pfarrer Joseph Brindlen eine Feldmesse, in der er die Gefallenen zu Helden des Vaterlandes und Märtyrern des Glaubens erklärte.

Zur Einweihung des Pfyndenkmals kamen laut zeitgenössischen Zeitungsberichten am Pfingstmontag des Jahres 1899 zehn- bis zwölftausend Menschen in den Pfynwald. «Nachdem das Wallis Jahrhunderte lang ein freies unabhängiges Volk gewesen war und frei und ungehindert seinen katholischen Glauben leben konnte», heißt es in dem nur im Oberwallis verbreiteten ‹Aufruf an das Walliser Volk›, «kam der Franzos daher, der soeben in Paris den alten Gott abgesetzt und in wilder Revolution Thron und Altar zertrümmert hatte.» Die treibenden Kräfte der patriotischen Feier waren einflussreiche Vertreter des Oberwalliser Klerus und der mächtigen Oberwalliser Familien. Die Nachfahren jener großen Geschlechter, die nach der Niederlage von 1799 ihren Hals geradezu akrobatisch aus der Schlinge gezogen hatten und gleichsam über Nacht zu Bewunderern der Grande Nation geworden waren. Aber davon redete an diesem Pfingstmontag des Jahres 1899 kein Mensch.

«Der Pfynwald ist unser Rütli», sagte Pfarrer Bindlen von Glis am 22. Mai 1899 bei der Einsegnung des Pfyndenkmals. Damit konnte er allerdings nur das Oberwallis gemeint haben, denn im Unterwallis hatten das Jahr 1799 und die Schlacht im Pfynwald keine große Bedeutung. Hier feierte man 1898 die politische Gleichstellung aller Walliser Bürger, die der französische Einmarsch mit sich

brachte. Um neue Spannungen mit dem Oberwallis zu ver-
meiden, verzichteten die besonnenen Unterwalliser aber
auf jegliche offizielle Würdigung des revolutionären Frank-
reichs. Unter vorgehaltener Hand freilich kursierten allerlei Sprüche gegen die alten Unterdrücker diesseits des
Pfynwalds. «Fällt ein Oberwalliser in die Rhone», spotte-
ten die Welschen, «so ist das Gewässerverschmutzung –
fallen alle in den Rotten, so ist das Problem gelöst.»

Auf den Feldgottesdienst und die Ansprachen von Na-
tionalrat Alfred Perrig und Staatsratspräsident Henri de
Torrenté folgte die patriotische Feier, für die der betagte
Walliser Politiker und Dichter Leo Luzian von Roten das
‹Walliser Freiheitslied› verfasst hatte. «Das ist die echte
That der Freien», heißt es da, «entschlossen sich dem Tod
zu weihen, / Die Brust von Opfersinn gestählt, / Der Freie
nie die Feinde zählt.»

Das war genau die richtige Rezeptur für das Trauma von
1799: Mit patriotischer Stilisierung und religiöser Überhöhung ließen sich die schreckliche Niederlage von 1799
und das beispiellose Leid der Zivilbevölkerung in einen
moralischen Sieg umdeuten. Der Aufstand der Oberwalliser gegen die helvetisch-französischen Truppen wurde in
Pfarrer Dionys Imeschs Festschrift zum «Freiheitskampf
der heldenhaften Walliser gegen die sieggewohnten Scha-
ren der Franken, gegen die unsere Vorfahren ihre heiligsten
Güter, den Glauben und die Freiheit, verteidigten».

Diese offizielle Deutung der Schlacht im Pfynwald hatte
bis weit ins 20. Jahrhundert Bestand und prägte auch die
mündliche Überlieferung, in der plötzlich ein Verräter aus
den eigenen Reihen eine schändliche Rolle spielte:

DIE PFYNSCHLACHT

Die Walliser besiegten die Franzosen und verfolgten sie bis nach Siders hinunter. In der Freude über diesen Erfolg kehrten sie nach Leuk und Susten zurück und feierten ihre Taten etwas zu nass. Nur eine kleine Besatzung blieb im Pfynwald zurück als Wache. Als der Großteil der Soldaten in Leuk nicht mehr kampffähig war, soll das ein Mann aus Leuk – der Name tut hier nichts zur Sache, aber man kennt ihn – den Franzosen in Siders gemeldet haben, jetzt wäre es günstig, jetzt sollten sie kommen. Die Franzosen schlichen sich lautlos an die Wachen heran und machten diese Besatzung nieder, ohne dass die Walliser Truppen es merkten. Sie erfuhren davon erst, als ihr Lager in Flammen stand.

Der Verräter fand aber nicht einmal im Grab seine Ruhe. Sein Grab war am Morgen immer offen. Man musste ihn herausnehmen, in einem Stalle beisetzen und diese Stätte einmauern.

In der mündlichen Überlieferung des Oberwallis gibt es nicht nur einen, sondern mindestens fünf Verräter, die dem französischen General Xentrailles in der Schicksalsnacht vom 27. auf den 28. Mai 1799 den entscheidenden Tipp zum Angriff gegeben haben. Neben dem eingemauerten Allet aus Leuk, einem Escher aus Simplon, zwei Namenlosen von Gampel und Törbel scheint sich auch ein altes Weib aus Siders auf geheimen Pfaden ins feindliche Lager geschlichen zu haben. Fünf Verräter in einer Nacht – was für ein genialer Plan das gewesen wäre! Geschickter hätte man den französischen General nicht verwirren können. «Die Oberwalliser empfanden die Niederlage als große Demütigung», schreibt der Sagenforscher Josef Guntern, «darum musste das eigene Versagen mit dem Vorwand des Verrats zugedeckt werden.»

Im Lauf der letzten fünfzehn Jahre hat sich die Sicht auf die Schlacht im Pfynwald grundlegend verändert. Wesentlich dazu beigetragen hat eine kritische Ausstellung des Kantonalen Museums für Geschichte in Sitten, die 1998 auf überzeugende Weise aufzeigte, wie wenig der religiös-patriotische Erinnerungskult von 1899 mit den Ereignissen von 1799 zu tun hatte. Heute sind es kritische Fragen, die historisch Interessierte am Pfynkrieg beschäftigen. Hätten die Oberwalliser Anführer nicht wissen müssen, dass ein Aufstand gegen den zahlenmäßig und militärisch hoch überlegenen Gegner aussichtslos war und viele Menschenleben kosten würde? Ging es führenden Oberwalliser Familien und dem mächtigen Klerus, der mit dem Schlagwort «Unsere Religion ist in Gefahr» die einfachen Leute aufwiegelte, nicht in erster Linie um die Rettung ihrer Stellung, ihrer Pfründe und Privilegien? «Was für unglückselige Leute, diese Oberwalliser», urteilte der besonnene Jean-Jacques Freymond, der Waadtländer Augenzeuge der Pfynschlacht, «sie sind geblendet und in die Irre geführt worden von fanatischen Priestern und tollwütigen Aristokraten.»

«Wir bringen nur ein Papier», schmeichelte der einflussreiche Oberwalliser Anwalt und Politiker Anton Maria Augustini, der bis 1799 ein Verteidiger der alten Ordung war und dann Abgeordneter im helvetischen Senat wurde, am 12. Dezember 1802 dem Ersten Konsul Napoleon Bonaparte in Paris, «doch dieses Papier ist Ausdruck aller Walliser, ist Ausdruck der Gefühle der Volksvertreter, der Regierung und ihres Oberhauptes für den Retter unseres Vaterlandes und verewigt unsere Dankbarkeit, die bis zum letzten Seufzer des letzten Wallisers währen wird.»

Zwei Jahre nach Napoleons verheerender Niederlage in Waterloo im Jahre 1813 trat das Wallis der Schweizerischen Eidgenossenschaft bei, und Anton Maria Augustini – eine französische Fiche charakterisiert ihn als «einnehmend, schlau, mit Gewandheit lügend und in jede Rolle schlüpfend» – war auch hier dabei: Er wurde Abgeordneter in der Tagsatzung und wurde in seinen letzten Lebensjahren auch noch zum Walliser Landeshauptmann gewählt. *

Wer sich kritisch mit den Hintergründen der Pfynschlacht auseinandersetzte, wurde in den konservativen Kreisen des Wallis bis in die 1990er Jahre als Nestbeschmutzer und linker Historiker abgetan. Vermutlich gab es erste kritische Stimmen bereits anlässlich der patriotischen 150-Jahr-Gedenkfeier im Jahr 1949. Ein Passus aus einem Referat des konservativen Oberstleutnants Rolet Loretan deutet darauf hin: «Nicht durch Aufwiegler wurde das Volk zum Aufstande ermuntert, nein, von innen, aus der Volksmasse heraus brach der Sturm mit elementarer Kraft los, und zwar aus reiner Liebe zur Religion der Väter und zur so oft mit Blut erkauften Freiheit.»

Gar nicht einverstanden mit dieser Sicht der Dinge war der kritische Oberwalsliser Jurist und Journalist Peter von

---

* Anton Maria Augustini war es auch, der die Fäden bei der geheimen Hochzeit von Baron Ferdinand von Werra und Margaretha von Stockalper zog (vgl. S. 39 ff.).

Roten, der 1986 im ‹Walliser Boten› schrieb: «Was uns jahr-
zehntelang als heldenhafter Kampf für die Freiheit geschildert worden ist, erweist sich bei näherem Zusehen als
eine typisch militärische Verantwortungslosigkeit, die
man nur durch die Schießfreudigkeit unserer Ahnen eini-
germaßen erklären kann. 1799 haben uns einige Scharf-
macher ein völlig unverdientes und unnützes Blutbad und
Plündern eingebrockt, wofür sie weiß Gott kein Denkmal
verdienen.»

An einem strahlenden Sommertag des Jahres 2009 besuche
ich den Ort des Geschehens. Die Schlachtwiese am Fuß
des Denkmals, wo die Oberwalliser ihr letztes Lager aufge-
schlagen hatten, gehört heute zum idyllischen Camping-
platz Monument, der versteckt zwischen der Kantonsstraße und dem Rotten liegt. Zweihundertzehn Jahre nach
der schrecklichen Schlacht herrscht hier eine friedliche
Atmosphäre. Kinder tollen herum, eine ältere Frau döst in
ihrem Liegestuhl, und ein kleines Grüppchen Holländer
plaudert frohgemut bei einer Runde Bier. Nur mit Mühe
finde ich den dicht verwachsenen Fußweg auf den Turrilji-
Hubel, auf dem das alte Denkmal steht. Als ich vor dem
ergrauten Obelisken mit der fast verblichenen Inschrift
«Unseren Vätern – 1799 – für Gott und Vaterland» stehe,
will so gar keine patriotische Stimmung in mir aufkom-
men. Der Granitblock macht einen vereinsamten Eindruck. Er gehört in eine andere Zeit und erzählt heute
weniger von der Pfynschlacht als vielmehr von deren
religiös-patriotischer Vereinnahmung und Überhöhung
durch die Kirche und die damalige Oberwalliser Führungs-
schicht. Die Zweihundertjahrfeier der Schlacht von Pfyn
im Jahre 1999 fand nicht statt. Sie hätte Anlass sein kön-

nen, das patriotische Heldendenkmal aus dem Pfynwald zu entfernen oder in eine Gedenkstätte für die über tausend Toten zu verwandeln, die die Jahre 1798 und 1799 im Oberwallis gefordert haben.

WILHELMS VERSCHWINDEN

Wenn einer eine Reise tut, so kann er was erzählen.
Nicht meine Großmutter. Wenn sie auf Reisen ging, ver-
stummte sie. «Das Schlimmste im Leben sind Arztbesu-
che und das Reisen!», sagte Maya. «Beides macht mich
krank.»

Ihre erste Fahrt in die Fremde war die Hochzeitsreise.
Mit dem Zug fuhr sie am 13. April 1931 durch den Lötsch-
bergtunnel ins Berner Oberland. Die Zwanzigjährige be-
staunte die vorbeiziehende, im Vergleich zum Wallis sehr
viel sanftere Landschaft des Kandertals und sehnte jene
Stunde herbei, in der der Zug wieder in den Bahnhof von
Leuk einfahren würde. Aber davon wollte sie ihrem Mann
Albert, der stumm neben ihr saß, nichts sagen. Das Bun-
deshaus und den Bärengraben wolle er sehen, hatte sich
Albert gewünscht. Allein wäre sie sicher niemals in die
Hauptstadt gefahren. In diese große Stadt, in der die Menschen nicht katholisch waren und für kleinste Strecken
schon ins Tram stiegen. Mit Sicherheit würden sie sich
dort verlaufen. Siders war ja schon groß, Visp und Brig
auch. Und in Sitten war sie erst ein Mal gewesen.

In Thun machten sie einen Zwischenhalt. Ein so imposantes Schloss
hatte Maya noch nie gesehen. Vier-
türmig und weithin sichtbar thronte
es über der Stadt. Die Häuser der Altstadt gefielen ihr. Und erst die vornehmen Leute, die hier spazierten.

Gewiss lachten sie heimlich über ihre wollenen Strümpfe und den alten Koffer.

Als Albert eine Schifffahrt auf dem Thunersee vorschlug, willigte sie zögerlich ein. Sie war noch nie auf einem Schiff gewesen. Kurz darauf saßen sie nebeneinander auf dem Aussichtsdeck eines eleganten Dampfschiffes. Der strahlende Sonnenschein und die verschneiten Berner Voralpen bildeten eine eindrückliche Naturkulisse. Die Stimmung der beiden aber blieb seltsam gedämpft. Maya beschlich der Gedanke, dass Albert sie doch nicht mochte.

Nach drei langen Stunden legte die Blüemlisalp wieder in Thun an. Wortlos gingen die beiden von Bord. Maya spürte einen seltsamen Druck in ihrer Brust.

«Gefällt es dir hier?», fragte sie Albert mit besorgtem Blick.

Dieser schaute seine Frau unschlüssig an.

«Wollen wir heimgehen?», versuchte sie es erneut.

«Ja!», schoss es aus Albert heraus. Und sein Gesicht hellte sich schlagartig auf.

Im Wallis sei es halt schon am schönsten, waren sich die beiden einig. Eine halbe Stunde später stiegen sie in den nächsten Zug Richtung Goppenstein, Brig und Hexenplatz.

«An der nächsten Fasnacht wird man sich ganz sicher über uns lustig machen», sagte Maya zu Albert, dem die vorzeitige Rückkehr nach Leuk ebenso peinlich war wie ihr.

Aber es kam anders. Als das frisch vermählte Paar am späten Abend nach Hause kam, waren die Gendarmerie und die Heerespolizei im Dorf, und alle sprachen nur von einem: Der Gillji war verschwunden. Uniformierte Männer gingen durchs Dorf und zogen Erkundigungen über den einundzwanzigjährigen Telefonsoldaten Wilhelm Bayard ein, der nicht in den militärischen Wiederholungskurs eingerückt war und seit drei Tagen als vermisst galt.

Unentschuldigtes Fernbleiben vom Militär sei eine schwerwiegende Straftat, sagten die forsch blickenden Militärpolizisten, und werde mit Gefängnis oder Zuchthaus bestraft. Maya und Albert interessierten sich nicht für das Militärstrafgesetzbuch, wohl aber für das Schicksal des spurlos Verschwundenen. Beide kannten sie den Wilhelm, den alle nur Gillji nannten. Er war ein höflicher und zurückhaltender junger Mann, der aus der Berggemeinde Inden stammte und oft im Konsum von Leuk Besorgungen machte. Im Dorf wussten alle, dass ihn seine Mutter *vorher* gehabt hatte. Siebzehn Jahre alt war Marie Bayard gewesen, als sie einen Buben zur Welt brachte und den Namen des Kindsvaters stur für sich behielt. Die ledige Mutter wurde zum Gespött der Leute, und es erstaunte alle, dass der angesehene Josef Briand, ein ebenso urwüchsiger wie rechtschaffener Bergler, der später Präsident von Inden wurde und gute Beziehungen ins aufstrebende Leukerbad unterhielt, sie Jahre später zur Frau nahm.

Wilhelm hatte seine obligatorische Schulzeit schon fast hinter sich, als die Mutter noch zwei weitere Kinder zur Welt brachte, Ida und Anna. Zur Mutter, so wird erzählt, habe Wilhelm ein inniges Verhältnis gehabt. Die Beziehung zum Stiefvater sei schwierig und distanziert gewesen. Es habe Wilhelm zu schaffen gemacht, dass dieser ihm seinen Namen verweigerte und er sein Leben lang den Namen der Mutter tragen musste.

Wilhelms Verschwinden war auch für seine Mutter mysteriös. Am Morgen seines Einrückens sei ihr nichts Besonderes aufgefallen, erzählte sie der Heerespolizei. Wilhelm habe seine Uniform angezogen und sich sehr früh schon mit Tornister und umgehängtem Karabiner von ihr verabschiedet. Mit dem Velo sei er davongefahren, zum Bahnhof von Leuk, wo er sich mit den Dienstkameraden verabredet hatte. Dort allerdings war er nie angekommen, und auch bei seiner Einheit in Frutigen tauchte er nicht auf.

Die Nachforschungen der schweizerischen Militärpolizei und der Walliser Kantonspolizei blieben ergebnislos. Damit kam die Geschichte auf den Tisch des Leuker Dorfgendarmen Felix Kummer, der den rätselhaften Fall unbedingt lösen und sich damit in Sitten für höhere Weihen empfehlen wollte. Er fing noch einmal von vorn an, befragte alle Leute und kam wie die Kantonspolizei zum Schluss, dass der Gillji am Tag seines Verschwindens außer von der Mutter von niemandem gesehen worden war. Man musste mit dem Schlimmsten rechnen. Womöglich war der Wilhelm bei der Fahrt ins Tal von der kurvenreichen Bergstraße abgekommen und samt Velo in die Dalaschlucht gestürzt. Der Dorfgendarm ordnete eine große Suchaktion an, an der sich viele Verwandte, Bekannte und auch mein Großvater Albert beteiligten. Oswald Ruffiner ließ sich in die tiefe Dalaschlucht abseilen und durchkämmte den hintersten Winkel. Vergeblich. Von Wilhelm fehlte jede Spur. Der Gillji war wie vom Erdboden verschluckt und wurde nach zwei Wochen ohne Lebenszeichen für vermisst erklärt.

Das seien damals sehr seltsame Wochen gewesen, erzählte Maya Jahrzehnte später. Nicht nur die große Ungewissheit über Wilhelms Schicksal gab viel zu reden, sondern auch eine Serie von nächtlichen Einbrüchen in Leuk, Susten, Varen und Salgesch. Ihr Garten sei zweimal geplündert worden und aus dem Keller eine ganze Speckseite verschwunden. Damit sei Dorfgendarm Kummer vor einem zweiten Rätsel gestanden. Auffällig sei gewesen, dass es die Diebe auf Gärten, Vorratskeller und Speicher abgesehen hatten. Eine Ausnahme stellte der dreiste Einbruch in die Ringackerkapelle von Leuk dar, wo ein wertvoller Teppich, zwei Kerzenständer und eine Reihe geweihter Kerzen entwendet worden waren. Mehr Anhaltspunkte habe es nicht gegeben, und wie bei Wilhelms Verschwinden sei Kummer auch bei der Einbrecherbande auf Vermutungen und Gerüchte angewiesen gewesen. Und die besagten, dass sich z'Gillji ins Ausland abgesetzt habe und die nächtlichen Raubzüge das Werk von Fahrenden seien, die seit einiger Zeit in der Gegend weilten.

Nachweislich lässt sich sagen: Als Wilhelm am frühen Morgen des 11. April 1931 mit dem militärischen Marschbefehl im Tornister sein Elternhaus verließ und mit dem Velo ins Tal hinunterfuhr, bremste er nach einigen hundert Metern ab, versteckte sein Velo im Gebüsch und stieg die Böschung hinunter. Bei einem frisch ausgehobenen Erdloch blieb er stehen, zog in Windeseile Militärkittel und Hosen aus und streifte Zivilkleider über, die im Militärtornister steckten. Dann verstaute er seine Militärsachen in einen alten Jutesack, den er hastig im Erdloch vergrub. Mit umgehängtem Karabiner und Tornister auf dem Rücken eilte er auf die Bergstraße zurück, schwang sich auf sein Velo und fuhr bis zum Weiler Rumeling, wo er, anstatt nach Leuk zu fahren, über die in die Felswand der Dalaschlucht gesprengte Straße in Richtung Varen fuhr. Bis jetzt war alles gutgegangen.

Kurz vor dem Dorfeingang von Varen stieg er erneut von seinem Velo, verließ die Straße und nahm einen alten Felsweg, der auf den Bahndamm der SBB führte. Er musste alle seine Kraft zusammennehmen, um mit Fahrrad, Tornister und Karabiner sicher über den schmalen und steil abfallenden Weg auf das einspurige Bahntrassee zu kommen, das an den Rotten und den Pfynwald grenzte. Als er dort ankam, sprang er mit ein paar schnellen Sätzen hinter einen schmalen Felsvorsprung, der mit einem Mauerwerk verkleidet war. Von hier aus spähte er nach dem keine hundert Meter entfernten Streckenwärterhaus, aus dem kurze Zeit später Johann Stocker trat. Damit hatte er gerechnet, denn mehr als einmal hatte er beobachtet, wie der Streckenwärter immer um diese Zeit aus seinem Haus kam, zuerst die Geleise in Richtung Unterwallis überblickte und dann mit Signalfahne und Petroleumlampe in der Hand seinen Kontrollgang in Richtung Oberwallis antrat. Er hatte Glück gehabt. Wenn Stocker ihn gesehen hätte, wäre alles verloren gewesen.

Als der Streckenwärter im Tunnel, der zum Bahnhof Leuk führte, verschwunden war, verließ Wilhelm sein Versteck, schulterte sein Velo und eilte über die Schottersteine des einspurigen Bahntrassees in Richtung Salgesch. Nach zweihundert Metern stieg er ans Rottenufer hinunter, dem er so lange folgte, bis er zum ersten der drei provisorischen Holzstege gelangte, die die Bauern aus Salgesch hier jeden Frühling anlegten, um vom Dorf zu ihren Wiesen und Gärten in Pfyn zu gelangen. Was für ein Glück er hatte. Auch hier war niemand zu sehen. Also überquerte er mit schnellen Schritten den wilden Rotten und verschwand am jenseitigen Ufer im Pfynwald. An den Pfynseen vorbei zur Kantonsstraße. Ein Blick nach links, einer nach rechts. Hastig stieß er sein Rad auf die andere Seite. Er nahm den Pfad, der leicht erhöht auf der Gorwetschflanke ins Unterwallis führte. Nach vierhundert Metern verließ er diesen

Weg, kämpfte sich durchs Dickicht und kam schließlich zu einem mit Baumstämmen vermachten schmalen Höhleneingang, der in den Gorwetsch führte. Er stemmte das Holz zur Seite, kroch den steil abfallenden Eingang hinunter und kam in eine zwei Meter hohe und fast drei Meter breite Höhle, die tief in den Berg führte.

Es war alles noch da. Auf der einen Seite das Lager mit seinen persönlichen Dingen: ein Jutesack mit Kleidern und Decken, die Bücher, ein Fernglas und eine Kiste mit Lebensmitteln. Vis-à-vis in wirrem Durcheinander verschiedene Möbel, Gerätschaften und Gegenstände: ein Gitterbett mitsamt Matratze, ein kleiner Tisch mit Stuhl, eine Pfanne mit Geschirr, eine zerbeulte Brente und eine Nachttischlampe. In verlassenen Hütten und Speichern hatte er all die Dinge, die niemand brauchte oder vermisste, gefunden und heimlich in die Höhle geschafft. Weil er später alles wieder zurückstellen wollte, hatte er an jeden Gegenstand einen Zettel angebracht, auf dem der Name des Besitzers stand. Nachdem er sein Velo abgestellt, Militärtornister, Karabiner und Bajonett zu seinen persönlichen Sachen gelegt hatte, ging er noch einmal zurück auf den Fußweg, von dem aus er die ganze Gegend überblicken konnte. Offensichtlich hatte er es geschafft. Es war ihm niemand gefolgt.

Die ersten Tage im Pfynwald verbrachte er damit, sich im alten Stollen einzurichten und die nähere Umgebung zu erkunden. Er sammelte Holz und hob ein Erdloch aus, in dem er seine Vorräte lagerte. Das Aufwendigste war die Wasserbeschaffung. Weil es im Umkreis seiner Höhle keine Quelle gab, schlich er Nacht für Nacht mit der Brente zu den Pfynseen oder zum Alusuisse-Kanal.

Als seine Vorräte nach zwei Wochen zur Neige gingen, wusste er erst nicht, was er tun sollte. Vom Hunger getrieben, streifte er schließlich in tiefer Nacht durch die an den Pfynwald angrenzenden Dörfer Salgesch, Varen, Leuk und Susten, drang in abgelegene Speicher und kleine Keller ein, stahl hier ein kleines Roggenbrot, schnitt sich dort ein kleines Stück Käse ab, steckte ein paar Kartoffeln ein und ließ auch noch zwei Hauswürste mitlaufen. Bald schon war er jede zweite Nacht unterwegs, und als der Spinat, die Kohlrabi, der Blumenkohl und der Nüsslersalat erntereif waren, weitete er seine kleinen Raubzüge auch auf die Gärten aus. Tagsüber arbeitete er an einem ehrgeizigen Plan: Von der unweit der Höhle liegenden Stromleitung, die noch von der alten Kanalbau-Bahnlinie der Alusuisse stammte, wollte er Elektrizität in seine Höhle leiten. Die dafür nötigen Kabel und Klammern hatte er aus der Werkstatt des kleinen und abgelegenen Kraftwerks in der Dalaschlucht gestohlen. Das Vorhaben war erfolgreich: Nach knapp drei Wochen konnte er auf dem alten Gitterbett im Schein der Nachttischlampe lesen.

Langsam veränderte sich der junge Mann. Der überaus vorsichtige Wilhelm, der bisher immer nur wohlüberlegt gehandelt hatte, beging plötzlich einen Einbruch nach dem andern und stahl weit mehr, als er zum Leben brauchte. Etwas in dem jungen Mann schien außer Kontrolle zu geraten. Geradezu zwanghaft legte er immer größere Vorräte an Käse, Speck, Würsten, Roggenbrot und Wein an. Seine nächtlichen Einbrüche beschränkten sich nicht mehr auf Speicher und Vorratskeller. Wilhelm brach in den Konsum von Salgesch und in die Sennerei von Varen ein, stahl aus dem Lagerschopf des Bahnhofs von Leuk einen Käselaib. Selbst vor der altehrwürdigen Ringackerkapelle von Leuk machte er nicht halt. Den wertvollen Teppich legte er auf den staubigen Stollenboden, und die beiden Kerzenständer mit den geweihten Kerzen stellte er an das Kopfende seines Gitterbettes.

Das sind die Einzelheiten, die man sich bis heute in der Region Leuk über Wilhelm Bayard erzählt. Über seine Motive ist wenig bekannt. Ein früher Antimilitarist sei er gewesen, behauptete der alte Victor Matter, und die zwei, drei Leute, die sich heute noch an den Gillji erinnern, sind derselben Meinung. Hatte er religiöse Gründe? Wie viele andere Dienstverweigerer seiner Zeit. Der Einbruch in die Ringackerkapelle deutet nicht darauf hin. Möglich, dass er die Schriften des bekannten Schweizer Wehrdienstverweigerers Max Daetwyler gelesen hat. Dieser hatte beim Ausbruch des Ersten Weltkriegs den Fahneneid verweigert, kam in eine Heilanstalt und wurde aus der Armee ausgeschlossen. Im Unterschied zu Daetwyler, der mit seinen pazifistischen Aktionen bis zu seinem Tod 1976 die Öffentlichkeit suchte, mit seiner weißen Fahne vor dem Weißen Haus in Washington und auf dem Roten Platz in Moskau für die globale Abrüstung und den Weltfrieden demonstrierte, versteckte sich Wilhelm Bayard in einer Gorwetschhöhle vor der Welt. Offensichtlich wollte er allein sein. Was aber machte ihn so plötzlich zum manischen Dieb? Es könnte sein, dass ihn Existenzängste das große Lager an Lebensmitteln und Werkzeugen anhäufen ließen. Er musste für den Winter vorsorgen. Dass er hierfür aber drei praktisch gleiche Hämmer und eine Säge brauchte, die man nur zu zweit bedienen konnte, ist nicht nachvollziehbar. Vielleicht wollte er mit seinen Einbrüchen auch nur auf sich aufmerksam machen: Seht, ich bin hier, ich lebe noch!

Es ist kaum mehr zu klären, ob es wirklich der Antimilitarismus gewesen ist, der Wilhelm Bayard in den Pfynwald getrieben hat. Nicht einmal seine Halbschwestern Ida und Anna scheinen seine tieferen Motive zu kennen. «Er hat nie darüber gesprochen», sagen die beiden Frauen unisono und schweigen beredt. Obwohl Wilhelms Verschwinden große Aufregung in die Region Leuk brachte, finden sich in den Walliser Zeitungen keine Berichte darüber. Dafür stößt man auf zahlreiche Artikel über Mahatma Gandhi, der in dieser Zeit mehrfach in der dritten Bahnklasse durch das Wallis reiste. Der Philosoph des gewaltlosen Widerstands, der damals auch mit Max Daetwyler zusammentraf, hätte möglicherweise in Leuk einen Zwischenhalt gemacht, wenn er gewusst hätte, dass sich im Pfynwald ein Dienstverweigerer versteckt. Was für eine besondere Begegnung das gewesen wäre: der Gillji aus Inden und der Gandhi aus Indien!

Die historische Realität ist eine andere: Gandhi wohnte damals vorübergehend beim französischen Schriftsteller Romain Rolland in Genf und reiste 1931 mehrfach nach Rom, um bei Papst Pius XI. und dem Duce Benito Mussolini eine Audienz zu erwirken. In Genf hielt er eines seiner bekannten Referate. Den schweizerischen Antimilitaristen sei Heil widerfahren, spöttelte der ‹Walliser Bote›. Gandhi, der fast nur von Ziegenmilch lebe, habe seinen Aufenthalt benutzt, um in Genf das Evangelium des passiven Widerstandes zu verkünden und die vollständige Abrüstung der Schweiz zu fordern. «Wenn Herrn Gandhi die Zähne fehlen, so werden in Indien wenigstens andere Leute Zähne und Waffen haben. Wehrlosigkeit ist und bleibt ein trauriger Zustand.»

Nach einhundertzwanzig Tagen im Gorwetschstollen wurde Wilhelm Bayard im Sommer 1931 entdeckt. Der einzige Bericht, den es darüber gibt, findet sich nicht etwa in Polizeiakten, sondern in einem literarischen Werk. Wie bei den Pfynwaldräubern ist es erneut der Schriftsteller Charles-Albert Cingria, der weiterhilft. Als dieser im Jahre 1943 mit dem Velo durch den Pfynwald fuhr, erinnerte er sich an einen befreundeten Geologen, der ihm vor Jahren von einer sonderbaren Entdeckung im Pfynwald berichtet hatte. Auf einer Exkursion sei jener Geologe unvermutet auf eine bewohnte Höhle gestoßen, die voller Essensvorräte gewesen sei. Kartoffeln, Schinken, mehrere Laib Käse, die er erst für Autopneus gehalten habe, seien dort gelagert gewesen. Ein Bett habe es gehabt, Teppiche, ein Velo und Bücher.

Cingrias Freund meldete seine Entdeckung dem Gendarmen Felix Kummer. Dieser rief Verstärkung aus Siders herbei und ließ den Eingang des Stollens beobachten. Als Wilhelm auftauchte, wurde er verhaftet und abgeführt. Der Stollen wurde abgeriegelt und bewacht. Wie sein Verschwinden brachte auch Wilhelms Verhaftung große Aufregung in die Region Leuk. Wie ein Lauffeuer verbreitete sich die Kunde, man habe den Gillji im Pfynwald völlig verwildert gefunden und ins Rathaus nach Leuk gebracht. Hier versammelten sich keine Stunde nach seiner Verhaftung einige Leuker – darunter meine frisch verheiratete Großmutter und der sechzehnjährige Victor Matter – auf dem Rathausplatz, um einen Blick auf z'wild Mannji, wie Wilhelm wegen seiner langen Haare jetzt genannt wurde, zu erhaschen. Als er schließlich von Gendarm Kummer aus dem Rathaus und über den Platz geführt wurde, erschraken alle. Der Gillji wirkte ängstlich und eingeschüchtert und starrte verlegen auf den Boden. Einen Zottelbart wie Bruder Klaus habe er gehabt, sagte meine Großmutter.

Wilhelm Bayard wurde ins Gefängnis von Sitten überstellt. Als klarwurde, dass er auch für die große Einbruchserie in der Region verantwortlich war, stolzierte Gendarm Kummer mit gewölbter Brust durch die Altstadt von Leuk und erzählte an den Stammtischen von Krone und Billiard, dass er immer vermutet habe, dass es einen Zusammenhang zwischen Gilljis Verschwinden und den Einbrüchen gebe. Und erst dieser Stollen! Eine richtige Wohnung sei das gewesen. Zwei volle Camionladungen mit Möbeln, Werkzeugen und Lebensmitteln hätten Leo Andenmatten und sein Gehilfe Arnold Grand nach Leuk gebracht.

Im Spätherbst 1931 kam Wilhelm Bayard vor das Divisionsgericht 3. Das einzige Dokument, das darüber noch Auskunft gibt, ist ein Karteiblatt des Eidgenössischen Militärdepartements aus dem Jahr 1932. Wilhelms «Verbrechen oder Vergehen» sind kurz mit «Nicht Einrücken WK 1931» umschrieben, man erfährt nur, dass der Fall nach dem Urteil an die nächsthöhere Instanz, den Oberauditor, gekommen ist. Diese bestätigte am 30. August 1932 das Urteil des Divisionsgerichts. Wie dieses Urteil lautete, ist dem Karteiblatt nicht zu entnehmen. Ebenso unklar bleibt, ob Anklage oder Verteidigung das Urteil angefochten und weitergezogen hat. Das Dossier des Falls ist fünf Jahre nach dem Urteil vorschriftsgemäß vernichtet worden.

Vergleichbare Urteile aus dem frühen 20. Jahrhundert machen deutlich, dass Dienstverweigerer – wie beispielsweise Max Daetwyler – wegen Unzurechnungsfähigkeit oder Geisteskrankheit psychiatrisch interniert wurden. Sehr wahrscheinlich kam auch Wilhelm Bayard in eine Irrenanstalt, vermutlich nach Crételongue. Dieser Gedanke bleibt eine Vermutung, da im Archiv der Unterwalliser Anstalt die Jahre 1931 und 1932 nur sehr lückenhaft dokumentiert sind.

Der Rest ist schnell erzählt. Wilhelm Bayard hat das Wallis verlassen. In Zürich ließ er sich zum Grafiker ausbilden und heiratete Luise Tanner, mit der er eine kinderlose Ehe führte. Nur sehr gelegentlich kam er ins Wallis. Hier zog es ihn in den Pfynwald, wo er gerne allein lange Spaziergänge machte und im Sommer wild campierte. In den 1960er Jahren schenkte er einem Neffen eine Fotografie von sich, die er im Pfynwald mit dem Selbstauslöser aufgenommen haben soll.

Endlich hatte Wilhelm Bayard ein Gesicht. Im sportlichen Freizeitlook zeigt er sich genau in jener Umgebung, in der er sich drei Jahrzehnte früher versteckt hat. Die Bügelfalten in der Hose, das noch glattgestrichene Hemd und der noble Volvo deuten auf ein bürgerliches Leben im aufkommenden Wohlstand hin. Aus dem wilden Mannji ist ein Städter geworden.

Wilhelm Bayards mysteriöser Rückzug in den Pfynwald gehört zu den Urgeschichten meines Lebens, und die Frage nach seinem Motiv, die mich als Jugendlicher beschäftigt hat, ist immer noch unbeantwortet. Als ich im Jahre 2003 zufällig erfahre, dass der Gillji, von dem ich glaubte, dass er längst gestorben sei, in einem Pflegeheim im Kanton Zürich lebt, rufe ich ihn an. Der schwer atmende Mann am anderen Ende der Leitung hat Mühe zu sprechen, sucht unablässig nach Worten, um mir klarzumachen, dass ihn die Erinnerung seit Jahren schon im Stich lässt. Und während

Wilhelm Bayard im Pfynwald, um 1960

er sich immer wieder mit müder Stimme für seine Gedächtnislücken entschuldigt, sagt er plötzlich jene beiden
Sätze, die bis heute nachwirken: «Der Pfynwald, ja, das war
etwas sehr Spezielles. Dort kannte ich jeden Stein.»

Wilhelm Bayard bleibt mir ein Rätsel. Auch in Zürich
finde ich niemanden, der ihn näher gekannt hat. Einen
Nachlass scheint es nicht zu geben. Bis heute weiß ich
einzig, dass er an sieben verschiedenen Orten im Kanton
Zürich gewohnt hat, dass seine Frau 1987 gestorben ist
und er seine letzten Lebensjahre in einem Pflegeheim verbracht hat.

Fünf Monate nach unserem kurzen Telefongespräch ist
Wilhelm Bayard im Jahre 2004 im Alter von vierundneunzig Jahren gestorben.

EINSIEDLER UND FAUN

Im Rucksack hatte er einen Laib Brot, Kartoffeln, eine Militärgamelle und einige Toilettenartikel, im Koffer eine zweite Hose, etwas Wäsche und drei Bücher. Das Tagebuch von André Gide, Leo Tolstois ‹Krieg und Frieden› und eine Auswahl der Gedichte von Rainer Maria Rilke. Keine fünf Minuten brauchte der Zug von Siders nach Salgesch, wo er ausstieg und den alten Fußweg der Rhone entlang in Richtung Pfynwald nahm.

«Was soll nur aus dir werden, mein Sohn?» Die besorgte Stimme der Mutter hallte noch nach.

«Nichts wird aus ihm werden, diesem Nichtsnutz!», hatte der Vater gepoltert und war im Atelier verschwunden.

Keine Sekunde brachten diese Stimmen seine Schritte ins Zögern. Der Vater hatte ja selbst geschrieben: «Jeder Erwachsene ist ein Gefangener, der an seinen Ausbruch denkt.» Genau das wollte er jetzt. Ein Leben nach den eigenen Vorstellungen führen. Allein und mitten im Pfynwald. «Im Herzen jener Natur, die ich am meisten liebe auf dieser Welt.»

Als er nach einer knappen halben Stunde den Wald betrat, hielt er auf jenes Felsband zu, das am nördlichen Pfynwaldrand zwischen Salgesch und Varen lag. Hier kletterte er den steil ansteigenden Hang hoch, in dem sich der Eisenbahntunnel befand, der ins

Oberwallis führte. Ein paar Meter weiter stieg er durch eine fenstergroße Öffnung ins Felseninnere. «Ich war erleichtert, als ich sah, dass alles in bester Ordnung war. Das Küchengerät war an seinem Platz, die kleine Sitzbank auch, das Ofenrohr lag unberührt in der Ecke. Nur die dicke, mit getrocknetem Laub gefüllte Liege, seltsam zusammengedrückt, hatte wohl Besuch von einem Liebespaar gehabt.»

Die erste Nacht in der kleinen Grotte, die er von den Schweizerischen Bundesbahnen für einen Franken pro Jahr gemietet hatte, war schrecklich. Ein aufgebrachter Siebenschläfer wollte ihn mit schrillem Geschrei aus seinem Refugium verscheuchen, zischte aufgeregt die Grottenwände entlang und löste mit seinen Krallen immer wieder kleine Steinchen von der Decke, die ihm auf die Nase fielen. Und weil sich der Störenfried nicht einfangen ließ, war an Schlaf kaum zu denken. Erst am frühen Morgen fielen René-Pierre Bille die Augen zu. «Das Aufwachen gegen elf Uhr war wunderbar. Mir wurde bewusst, dass ich ein sagenhaft wildes Leben begonnen hatte. Ich fühlte mich eins mit den Felsen, den Bäumen, den Tieren, dem Gorwetsch vor meinen Augen, dem Himmel. Alles erschien mir unendlich schön, in tiefer Harmonie und absolut verehrungswürdig.»

Nach dem Frühstück im Freien kehrte der einundzwanzigjährige René-Pierre in die Grotte zurück und befestigte das Blechrohr eines alten Kachelofens, dessen Öffnung durch einen Spalt ins Freie führte, über der kleinen Feuerstelle. Damit sollte es ihm möglich werden, an regnerischen oder kalten Tagen im Innern der Grotte Feuer zu entfachen, ohne Gefahr zu laufen, im Rauch zu ersticken. Anschließend machte er sich daran, den Eingang in die Grotte

René-Pierre Bille
in seiner Pfynwald-
grotte, um 1940

auf eine fenstergroße Öffnung zuzumauern. Durch diesen
schmalen Eingang würde er nicht kommen, der Vater!

Und der Siebenschläfer? Für beide war kein Platz in
der kleinen Grotte. So viel war nach der ersten Nacht klar.
Sicher, er schuldete dem kleinen Nagetier Respekt. Trotzdem kam er zum Schluss, die Höhle auszuräuchern und
ihn aus seinem Schlupfwinkel zu vertreiben. Später sollten sich Fledermäuse zu ihm in die Grotte gesellen, mit
denen sich gut zusammenleben und für die er immer den
Fensterladen offen ließ, um ihnen das nächtliche Kommen
und Gehen zu ermöglichen.

Wochenlang streifte René-Pierre Bille im Frühjahr 1936 barfuß und im Lendenschurz durch die Weiten des Pfynwalds, ließ sich von seiner Intuition treiben, studierte Bäume und Pflanzen, beobachtete die Tiere:

Ich lebe ...
Von der Sonne und vom Wind
Vom Himmel und grünen Nadeln
Und ich suche nach einem Menschen
Der nach Erde riecht
Und den Gesang der Vögel kennt

Seine Eindrücke und Gefühle schrieb er in ein Tagebuch, das er 1943 unter dem Titel ‹Journal eines Lebenskünstlers› veröffentlichte.

In der Grotte, 7. April 1936
Heute habe ich im Wald zwei Füchse gesehen. Ich beneidete sie um ihre wilde Harmonie und Anmut, ich bewunderte die Geschmeidigkeit ihrer Bewegungen und wünschte mir nichts mehr als ein Leben wie das ihre: nackt und stark durch den Wald zu streifen.

Ein seltener Vogel, dieser René-Pierre Bille! Ein romantischer Wilder, ein nostalgischer Schwärmer, der jeden Morgen in die gletscherkalte Rhone stieg, zu der er ein geradezu erotisches Verhältnis hatte. «Diese Rhone im Pfynwald! Niemals hat ein Fluss lustvoller seinen Weg durch jahrtausendealte Hügel gesucht, und niemals hat je ein Fluss mehr Freude daran gehabt, sein Bett immer wieder zu verändern. Oft fällt es einem schwer, von der Person zu sprechen, die man liebt. Man hat immer Angst, sie schlechtzumachen und gewissermaßen den Zauber zu zerstören, der einen mit ihr verbindet. Das gilt auch für die Rhone, wenn es darum geht, in ihre geheime Seele vorzudringen, entlang ihrer unberührten Mäander flussaufwärts zu gehen, sie in ihrem ganzen Reiz und ihrer spontanen Schönheit zu überraschen.»

Von 1936 an lebte René-Pierre Bille sechzehn Jahre lang immer wieder längere Zeit in seiner Grotte im Pfynwald. «Der Pfynwald hat mich nie enttäuscht», wird er später schreiben, «in keiner Jahreszeit.» Vielfältig war seine Speisekarte: Das am Fuß des Abhangs dahinfließende Tschudana-Bächlein lieferte frisches Trinkwasser, vom Salgescher Bauern Zacharias Mathier bezog er Kartoffeln, Milch und Eier, in der Rhone fing er Forellen, im Pfynwald wilderte er Feldhasen und sammelte Beeren. «Ich jagte auch Heuschrecken, jene leckeren mit den blauen und roten Flügeln, und grillierte sie, allerdings nicht ohne ihnen vorher sorgfältig Kopf und Kropf abzutrennen, in dem sich eine scheußliche Flüssigkeit befand.»

Sein Meisterstück war die Forellenjagd mit bloßen Händen. Als er die Technik beherrschte, legte er sich in der Nähe der Grotte ein künstliches Becken an, in dem er die gefangenen Forellen hielt. «Wozu all diese Mühe? Ganz einfach: Ich wollte meinen Besuchern frische Forellen mit karminroten Kiemen vorsetzen.» Und sie kamen, die Gäste: Verehrerinnen in großer Zahl, öfters auch der jüngere Bruder André, der bei allerlei kleineren Ausbesserungsarbeiten half, den Unterschlupf seines Bruders aber immer auch etwas argwöhnisch musterte und die Fischsuppe in der alten Militärgamelle mehr als einmal dankend ablehnte. Einmal kam er nur ganz kurz und kündigte für den folgenden Tag vier Besucher an, von denen er nur so viel verriet, dass ihn diese beim Forellenfangen beobachten wollten.

«Ich trank meinen Kaffee, als ich hörte, wie sich von der Waldlichtung her Stimmen näherten. Sehr bald schon erkannte ich Suzi Pilet, die Fotografin aus Lausanne, mit ihrem Freund, Professor Alexis Peiry. Begleitet wurden die beiden von meiner Schwester Corinna und Maurice Chappaz, der ihr Schreibgefährte war.»

René-Pierre lieferte seinen Besuchern eine eindrückliche Vorstellung: Weil er wusste, dass die Forellen die von frischem Quellwasser gespeisten Senken in der Nähe der Uferböschung ganz besonders liebten, stieg er, sobald er ein Exemplar gesichtet hatte, in die kalte Rhone und bewegte sich auf dem Bauch liegend auf seine Beute zu. Ganz vorsichtig umzingelte er den ahnungslosen Fisch mit Körper und Armen, berührte ihn sanft, strich vorsichtig erst mit der einen, dann mit der anderen Hand über den Bauch des scheuen Tieres, das zum Erstaunen der Zuschauer ruhig blieb. Perfide Liebkosungen, die diese sehnige Gestalt aus Muskeln und Haut wie vorübergehend lähmten. Als er die Kiemen spürte, packte er fest zu und riss das Tier, das hektisch mit dem Schwanz schlug, aus dem Wasser. Man sah, wie es verzweifelt seinen Mund öffnete und schloss. «Tausend zarte Schuppen glitzerten, wunderbare Schattierungen durchzogen seine Flanken: Pracht, Herrlichkeit, Elend und Unglück waren eins in diesem Augenblick. Ich musste das Tier töten.» Mit einem festen Biss brach er ihm den Schädel, eine kleine Blutspur durchzog plötzlich die grünliche Haut, die Muskeln entspannten sich, nur der Schwanz zuckte, der Tod tat sein Werk. Seine Freunde waren wie versteinert. Suzi hörte nicht auf zu fotografieren,

Corinna staunte, und Peiry sagte, so etwas habe er noch nie gesehen. Chappaz hingegen schmunzelte skeptisch, fragte sich wohl, ob man ihn zum Besten hielt. Um seine Zweifel zu zerstreuen, nahm René-Pierre die Forelle sogleich aus und zeigte seinen Freunden die tiefroten Kiemen, den Beweis der absoluten Frische seines Fangs.

Von da an trug er den Beinamen Forellencharmeur. Die Waldlichtung an der unablässig vor sich hin murmelnden Tschudana wurde zum regelmäßigen Treffpunkt der jungen Leute. René-Pierre offerierte frische Forellen, die Gäste brachten Brot, Fleisch, Käse und Wein mit und staunten über den verwilderten Gastgeber. Suzi Pilet wird noch fünfzig Jahre später schwärmen: «René-Pierre! Was für eine Erscheinung! Dein Wesen sprengte jeden Rahmen, ein Gesetzloser warst Du, der Gebieter dieses magischen Waldes. Groß war Deine Ähnlichkeit mit der Viper, die plötzlich aus Deinem Hemd hervorkroch, mit der Forelle, die Du mit bloßen Händen unter dem Mühlstein gefangen hast. Wie ein wildes Tier bist Du durch das Gebüsch geschlichen (mit einem Lendenschurz aus Flechten und Moos). Du scheuer Wilder, bewaffnet mit einem Jagdgewehr, Du hattest Dich anders entschieden, Dein Rückzug schien uns zu sagen: Nach dem Unerreichbaren soll des Menschen Herz streben.»

Nicht weniger beeindruckt vom «Adam sauvage» im Pfynwald war Maurice Chappaz, der sich für dessen tiefere Motive interessierte: «Er war ein einzelgängerischer Jäger, ein Wilddieb, der tötet um zu leben, ein Raubvogel, der den Tod und nicht die Krankheit ins natürliche Gleichgewicht der Natur brachte. Ihn interessierte die Natur im Urzustand, er suchte nach dem Leben vor der Erbsünde der Zivilisation, der Erfindung der knatternden und ratternden Motoren.»

René-Pierre Bille auf Forellenjagd

Der 1915 geborene René-Pierre Bille war der älteste Sohn des Neuenburger Malers Edmond Bille, der sich 1905 in Siders eine schlossähnliche Villa mit großem Atelier hatte bauen lassen, in dem er eine große Zahl von Bildern schuf, die von der Einfachheit und Härte des bäuerlichen Lebens im Berggebiet erzählen. Nach dem Tod seiner ersten Frau heiratete er die Unterwalliserin Catherine Tapparel, mit der er drei Kinder hatte: Corinna, René-Pierre und André. Als Kind verbrachte René-Pierre zahllose Nachmittage im großen Garten der väterlichen Villa, wo er, statt in den Klavierunterricht zu gehen, Eidechsen, Schmetterlinge, Libellen und Heuschrecken beobachtete. Mit viel Geschick zähmte er eine Krähe und richtete im Ferienhaus der Familie in Chandolin eine Mäusezucht ein. Früh lernte er den Pfynwald kennen, in welchem der Vater auf die Jagd ging und die Familie viele Ausflüge unternahm. «Tagelang sind wir, ohne einem Menschen zu begegnen, unter deinen unzähligen Föhren umhergestreift. Wie berauschten wir uns an den wunderbaren Düften von Harz und Anemonen – manchmal waren wir so erschöpft, dass wir uns in das hohe Gras legten, um deinen tausendjährigen Stimmen zu lauschen: dem trägen Murmeln des Wassers, dem schrillen Gesang einer Zikade auf den malvenfarbigen Rinden oder dem Flügelschlag der Tauben im dichten Geäst.»

René-Pierre war achtzehn Jahre alt, als er aus dem Gymnasium in Neuenburg flüchtete. Er schwamm über den Neuenburgersee, klaute ein Velo und fuhr nach Hause. Und dann? «Ich las einfach und dichtete. Mein Leben war so schön, dass ich es nur mit dem der Tiere vergleichen konnte, die weit weg vom Menschen leben.»

Der junge Mann begeisterte sich für die Bücher des rumänischen Schriftstellers Panaït Istrati, den er Ende der 1920er Jahre kennengelernt hatte, als dieser bei seinem Vater zu Besuch war. Istrati, der zwanzig Jahre ein unstetes Wanderleben im Nahen Osten und in den Mittelmeerländern geführt hatte und in seinen Büchern von Landstreichern, Wanderkünstlern und Entwurzelten erzählte, bestä-

Die Geschwister Corinna, René-Pierre und André

tigte ihn in seinem Wunsch nach einem freien Leben. Wie Istrati lehnte er die moderne Arbeitsgesellschaft ab, die den Menschen auf fixe Arbeitszeiten verpflichtete und von Arbeitgeber und Einkommen abhängig machte. «Alles, was mir eine ungeheure Freude bereitete», wird René-Pierre viele Jahre später schreiben, «erhielt ich ohne Geld.»

Im Werk von Charles Ferdinand Ramuz, der ebenfalls im Haus seines Vaters verkehrte, fand der junge René-Pierre ein Zitat, das ihn faszinierte: «Die andern mögen ihrer Arbeit nachgehen, ich aber kann das nicht, weil die Arbeit nur zu mir kommt, wenn ich nichts mache.»

In den Jahren 1934 und 1935 besuchte der Zwanzigjährige die landwirtschaftliche Schule in Châteauneuf bei Sitten und arbeitete als Landarbeiter auf verschiedenen Bauernhöfen in der ganzen Schweiz. Als ihn der Vater ein Jahr später für ein Agronomiestudium nach Algier schicken und zum Verwalter seines Landwirtschaftsguts in Portugal machen wollte, widersetzte er sich, und es kam zum Streit. René-Pierre verließ sein Elternhaus und zog sich in seine Pfynwaldgrotte zurück.

Der Pfynwald spielte nicht nur in René-Pierres Leben, sondern auch in jenem seiner Schwester eine wichtige Rolle. Beim Pfyndenkmal hatte sie an Ostern 1942 ihr erstes geheimes Rendez-vous mit Maurice Chappaz, der sich in sie verliebt hatte. «Finden Sie sich morgen», hatte ihr dieser ein Telegramm geschickt, «wenn die Glocken von Varen zu Mittag läuten, am Fuße des Obelisken ein.» Zur vereinbarten Zeit saß Corinna Bille, die von ihrem Schreibgefährten ebenso fasziniert war, auf den Stufen des Pfyndenkmals. Von Maurice keine Spur. Dieser versteckte sich im Gebüsch und warf der Wartenden nach einer Weile die Frage zu: «Blauer Mantel, wohin willst du dich retten?»
Einen ganzen Nachmittag lang wanderten Corinna und Maurice durch den Pfynwald. Sie waren ein Paar. Zusammen mit Suzi Pilet, Alexis Peiry, Gabriel Chavalley, René-Albert Houriet und René-Pierre führten die beiden in jenen Jahren ein Vagabundenleben, im Pfynwald, im Oberwalliser Weiler Geesch bei Raron, in Chandolin und verschiedenen anderen Bergdörfern. Als «Chevalerie errante», umherirrendes Rittertum, hat sich die Gruppe aus Dichtern, Fotografen und Aussteigern selbst bezeichnet. «Vielleicht waren wir die ersten Hippies», wird Corinna Bille zwanzig Jahre später schreiben, «mein Bruder, ich, die Fotografin Suzi Pilet, Georges Borgeaud, dazu gesellte sich der Dichter Maurice Chappaz mit seinen Freunden. Wir streiften umher und lebten vom Betteln bei unseren Familien. Die jungen Männer trugen zwar keine langen Haare, aber Bärte

und abgenutzte Kleider; die Leute zeigten mit den Fingern auf uns, tippten sich an die Stirn. (...) Wir brauchten keine Drogen: Unsere Träume, unsere Liebe waren uns genug.»

Der revolutionäre Aufbruch der Jugend von 1968 fand im Wallis zu Beginn der 1940er Jahre im Pfynwald statt. Die jungen Leute zogen durchs Land, debattierten über die Gesellschaft, die Natur und den Krieg. So unterschiedlich sie waren, verband sie doch die Lust an der Debatte, der offenen Auseinandersetzung über alle möglichen Themen, wie das Verhältnis der Schweiz zu Hitler-Deutschland, die Frage der individuellen Lebensgestaltung oder die Faszination von Natur und Kunst. Man las sich gegenseitig eigene Texte vor und trieb allerlei Albernheiten. Alexis Peiry balancierte todesmutig auf den hohen Pfeilern der Rhonebrücke bei Chippis, und Suzi Pilet inszenierte sich, beeindruckt von René-Pierre, als Wilde im Pfynwald. Als ich Maurice Chappaz im Jahre 2008 auf die Chevalerie errante ansprach, geriet der alte Mann ins Schwärmen: «Vagabundieren war damals noch an jeder Wegkreuzung möglich. Es gab kaum Verkehr, nur wenig Straßen, und sehr viel Zeit. Wir waren Tagelöhner des Traums.»

Als die Schweizer Armee nach dem Zweiten Weltkrieg im Pfynwald eine Panzerpiste bauen wollte, wurde klar, dass die Chevalerie errante keine bloße Clique von romantischen Träumern und entrückten Aussteigern war. Corinna, René-Pierre und Chappaz bildeten den Kopf einer Widerstandsgruppe, die mit andern zusammen Unterschriften gegen das Militärprojekt sammelte, einen Hungerstreik und einen gewaltlosen Marsch nach Sitten organisierte. «Der Pfynwald ist Brennholz, nicht mehr», soll der erste Walliser Bundesrat, Josef Escher, in den 1940er Jahren den frühen Umweltschützern an den Kopf geworfen haben. Dass die Panzerpiste, die vom Rottenufer über das Pfyngut an den Gorwetsch bis zum Illgraben reichen sollte, schließlich nicht gebaut wurde, hatte weniger mit dem Widerstand der Chevalerie errante als vielmehr mit dem unberechenbaren Illgraben zu tun, der ein zu hohes Risiko für das Projekt darstellte. So rettete der alte Höllengraben den Pfynwald vor der Zerstörung und die wilde Rhone vor ihrer Eindämmung.

Bereits im ersten Jahr ihres Zusammenseins träumten Corinna und Maurice «von einer», wie Chappaz 1942 schreibt, «eigenen Baracke im Pfynwald». Für die beiden waren Pfynwald, Illgraben und Rottensand nicht nur ein besonderes geographisches, sondern immer auch ein poetisches Universum. «Der Rhythmus der Landschaft hier», so Chappaz im Januar 1942, «steht in vollständiger Harmonie mit unserer Seele.» Sieben Jahre später wurde der Traum Wirklichkeit. In einer Lichtung im oberen Pfynwald, ganz in der Nähe des Illgrabens, bauten sich die beiden ein kleines Haus – «ein Haus auf Pfählen wie ein Zigeunerwagen» –, in dem das Paar mit seinen drei Kindern immer wieder vorübergehend wohnte. «Wir lebten in einem Land, das mit der Stille verkehrte, unversehrt, am Rande noch biblisch.»

«Im Pfynwald waren wir immer sehr glücklich», schreibt Corinna Bille, in deren Werk der Wald eine starke Präsenz hat. Es gibt kaum ein Buch der Autorin, in das die Landschaft ihrer Kindheit, Siders, das Val d'Anniviers und der Pfynwald nicht auf die eine oder andere Art Eingang finden. Ist es ursprünglich noch das Bemühen um das realistische Erfassen dieser Naturlandschaft, wird Corinna Billes Darstellung und Schilderung des Waldes mit der Zeit immer mehr von imaginären, surrealen und magischen Elementen bestimmt. Das Phantastische und die Traumwelt, Liebe und Erotik spielen eine zentrale Rolle im Kontext des Waldmotivs.

Wenn ich ein Baum wäre und du ein Baum
im gleichen Forst

Meine Wurzeln würden die Erde und die Moose durchbohren, in die Felsspalten hineingleiten, dich suchen, dich suchen durch das Dunkel, durch die zähe, zersetzte Nacht, die Gerüche, die formlosen Ungeheuer, bis sie, die deinen spürend, vor Freude erbebten in so ungeheurer Liebe, dass der ganze Wald sich aufwölbte.

Corinna Bille, ‹Hundert kleine Liebesgeschichten›

Wie bei Corinna änderte sich auch René-Pierre Billes Blick auf den Pfynwald. In seiner zweiten Lebenshälfte entwickelte er sich zum wissenschaftlichen Beobachter von Fauna und Flora, zum engagierten Umweltschützer, der mit anderen gegen das hochgiftige Fluor aus den Fabrikschloten der Alusuisse anschrieb, das wie kein Ereignis zuvor die Existenz des Pfynwalds gefährdete. «Wir müssen unsere Auffassung und Einstellung der Natur und unserem Schicksal gegenüber völlig ändern», schrieb er in einem offenen Brief. «Wir müssen uns fragen: Was ist eigentlich Natur? Welche Rolle spielt sie für uns Menschen? Welche tieferen Beziehungen haben wir zur Luft, zum Wasser, zum Boden, zu den Pflanzen und Tieren? Was ist mit unserer Verantwortung der ganzen Menschheit gegenüber? Eine universelle und brüderliche Bewusstseinsbildung ist heute notwendiger denn je.»

Keiner hat Fauna und Flora des Pfynwalds intensiver erforscht und dokumentiert als René-Pierre Bille. Er fing zu fotografieren an und publizierte in verschiedenen Zeitungen und Zeitschriften. Als er im Jahre 1951 in einem Nachtzug von Paris nach Bourg-en-Bresse reiste, geriet er zufällig in ein Abteil, in dem eine junge Frau saß, tief versunken in die Lektüre eines kunsthistorischen Führers. «Sie hatte schöne Hände, zart und intelligent, mit langen spindelförmigen Fingern.»

«Als er in mein Abteil kam», erinnert sich die junge Frau Jahrzehnte später, «und sich hinsetzte, dachte ich mir, mein Gott, wenn ich ein Mann sein könnte, dann möchte ich so aussehen wie er.»

Eine Viertelstunde lang suchte René-Pierre nach einer Möglichkeit, mit der jungen Frau ins Gespräch zu kommen.

«Mademoiselle», platzte es schließlich aus ihm heraus. «Wissen Sie zufällig, wie der nächste Bahnhof heißt?»

«Non Monsieur», sagte die junge Frau höflich amüsiert, «genauso wenig wie Sie!»

Das Eis war gebrochen. Er erzählte von seinem Leben im Wald, von seiner Leidenschaft für die wilden Tiere, und die junge Frau von ihrem Studium an der École des Beaux-Arts in Lille. Nachdem sie die halbe Nacht geredet hatten und die Studentin in Bourg-en-Bresse den Zug verlassen hatte, wurde ihm schnell klar, «dass das etwas sehr Besonderes gewesen war». Das Problem war nur, dass er weder den Namen noch die Adresse der jungen Frau kannte. «Ich regte mich furchtbar über meine Schüchternheit auf.»

Weil ihm die Studentin nicht aus dem Kopf ging, überwand er sich und schrieb einen kurzen Brief an den Directeur der École des Beaux-Arts in Lille, um sich nach ihrem Namen zu erkundigen. Drei Tage später kam die Antwort. «Die Studentin hieß Thérèse Lepers, und auch sie hatte unsere Begegnung im Nachtzug nicht vergessen.» Die beiden begannen zu korrespondieren, trafen sich in Paris und Lille, heirateten zwei Jahre später und zogen nach Chandolin, «wo Thérèse mein wildes Leben teilte».

Vierundfünfzig Jahre hat Thérèse Lepers mit René-Pierre Bille zusammengelebt, zuerst in Chandolin, dem höchstgelegenen Dorf Europas im Val d'Anniviers, wo sie ihren gemeinsamen Traum von einem einfachen Leben in den Bergen umsetzen wollten.

«Das war eine glückliche Zeit!», erzählt sie im Frühjahr 2009 mit lachenden Augen. Obwohl es einige Zeit gebraucht habe, bis sie von den Bäuerinnen von Chandolin akzeptiert worden sei, und obwohl die materiellen Verhältnisse mit drei Kindern und einem Mann, der nur sehr unregelmäßig Geld verdiente und in den Augen vieler ein Charmeur und Vagabund war, oft sehr knapp gewesen seien.

Eine besondere Freundschaft verband René-Pierre mit der Reiseschriftstellerin und Fotografin Ella Maillart, die sich nach dem Zweiten Weltkrieg ebenfalls in Chandolin niedergelassen hatte. Als sie ihn 1951 dem französischen Filmemacher und Schriftsteller Samivel alias Paul Gayet-Tancrède vorstellte, machte ihn dieser zu seinem Assistenten für den im Val d'Anniviers gedrehten Bergfilm ‹Cimes et Merveilles›. Dabei tauchte René-Pierre in die Welt von Fotografie und Film ein, lernte den Umgang mit der Kamera kennen und war fasziniert von den Möglichkeiten, die sich ihm für die Landschafts- und Tierbeobachtung eröffneten. Der passionierte Wilderer, der in den Jahren 1946 und 1947 im Pfynwald und im Val d'Anniviers tagelang nach dem Monster* gesucht hatte, entwickelte sich – wie er selber schreibt – zum «Chasseur Photographe». Zwischen 1954 und 1993 veröffentlichte er sieben Fotobücher zum Leben in den Bergen. «Die Jagd mit dem Gewehr war für mich auf einmal ernüchternd, fast schmerzlich. Das ‹geschossene› Bild gab mir das tiefe und wohltuende Gefühl, einen unmittelbaren Lebensmoment für immer festzuhalten.» Das gelungene Bild eines lebendigen Tieres sei für ihn «die höchste Form der Besitzergreifung eines Tieres», sagte er im hohen Alter, «und steht weit über seiner Tötung». Unzählige Stunden, Tage und Nächte legte sich der Fotograf auf die Pirsch und schuf im Lauf der Jahrzehnte ein faszinierendes Werk. «Die frühen Gedichte meines Bruders», so Corinna Bille, «verwandelten sich in Filme über die Alpentierwelt und seine Tarzanschreie in Vorträge über die Schönheit der Natur.»

Auf René-Pierre Billes Fotografien zeigen sich all die Tiere, die der Pfynwaldwanderer kaum je zu Gesicht bekommt: die Ringelnatter, die gerade einen Frosch erbeutet hat und ihn sogleich verschlingen wird, die Smaragdeidechse, die auf einem Wacholder auf Beute lauert. Wer die Studie über das nächtliche Schlüpfen der Königslibelle gesehen hat, wird kaum mehr achtlos an diesen anmutigen Insekten vorbeigehen. Von berückender Schönheit sind seine Fotografien von Eisvogel, Pirol, Wiedehopf, Zippammer und der bedrohlich blickenden Waldohreule.

---

* Vgl. ‹Albinus? Oder Marinus?›, S. 16 ff.

In den frühen 1960er Jahren wurde René-Pierre Bille zu einem bedeutenden und sehr gefragten Tierfotografen und Filmer. Zusammen mit seiner Frau unternahm er Vortragsreisen durch die Westschweiz, Frankreich, Belgien, Marokko und Kanada. Seine Tier- und Landschaftsfilme wurden von mehreren Fernsehstationen erworben und ausgestrahlt. René-Pierre, erzählt Thérèse Lepers, habe sein Werk immer auch als Beitrag zum Schutz von Natur und Umwelt gesehen. «Mit seinen Fotografien wollte er sein Publikum sensibilisieren.»

In zahllosen Referaten, Zeitungsartikeln und auf vielen Podien sprach sich René-Pierre Bille bis ins hohe Alter immer wieder für den Schutz und die Erhaltung der Natur aus. «Nichts ist für den Menschen selber schwerwiegender und fataler», schrieb er im Jahre 1987, «als das allmähliche und zunehmende Verschwinden von Pflanzen und Tieren, die scheinbar bedeutungslos sind. Alles und jedes hat seinen Platz in der Natur, und auch das winzigste Tierchen hat in dieser immensen Weltsymphonie seine Rolle zu spielen.»

Der Nichtsnutz aus der Pfynwaldgrotte wurde nach dem frühen Tod seiner Schwester Corinna im Jahr 1979 zusammen mit seinem rebellischen Schwager Maurice Chappaz zu einer wichtigen öffentlichen Stimme und zur unbequemen moralischen Instanz, die weit in den frankophonen Raum hineinreichte. Drei Gedichtbände, ein Tagebuch, sieben Fotobände über die Walliser Bergwelt sowie drei Filme hat René-Pierre Bille hinterlassen, als er 2006 im Alter von einundneunzig Jahren starb. Dazu kommt ein umfangreicher und vielfältiger Nachlass aus Aufzeichnungen, Fotografien und Korrespondenzen, der erst noch aufzuarbeiten ist und viele spannende Entdeckungen verspricht.

«Und was für ein Bild haben Sie heute von Ihrem Mann?»,
frage ich Thérèse Lepers drei Jahre nach seinem Tod.

«René-Pierre war ein sehr genügsamer Mensch», sagt
sie, ohne lange zu überlegen, «voller Entdeckerlust, mit
einem großen Bedürfnis nach individueller Freiheit. Mit
einem starken Drang, immer wieder allein in die Natur zu
gehen. ‹Nur in der Einsamkeit›, sagte er einmal, ‹kann ich
mit mir selbst und der Natur kommunizieren.›»

«Wie stand er zum Fortschritt und zur modernen Zivilisation?»

«Er war sehr kritisch, aber weit davon entfernt, ein
Rebell zu sein, der die Zivilisation ablehnt oder verachtet.
Nein, Verachtung und Hass waren seine Sache nicht. Vielmehr ist er ganz einfach seiner Begeisterung und Leidenschaft für die Natur gefolgt, wollte sich selbst sein und ist
damit natürlich auch angeeckt.»

«Wie hat er das Alter erlebt?»

«Vielleicht verkläre ich ihn jetzt, aber mir scheint, er sei
nie alt geworden!»

RÜCKKEHR, 2009

«Sagen Sie ihm, dass er für die Träume seiner Jugend soll Achtung tragen.»

Friedrich Schiller, ‹Don Carlos›

Meine Schwester hatte es bereits telefonisch angekündigt. Ein Umschlag werde demnächst bei mir eintreffen, in dem sich Papiere vom Hexenplatz befänden. Gespannt öffnete ich einige Tage später die Post aus dem Wallis. Es handelte sich um Briefe, die ich meiner Großmutter geschrieben hatte. Mit leiser Enttäuschung legte ich sie in die Schachtel mit den Sachen vom Hexenplatz. Dabei fiel mein Blick auf ein kleines Porträt, das auf einer Mappe mit Zeitungsausschnitten lag. Dieses verschmitzte Lächeln. Und diese temperamentvollen Augen, die von der großen Lust am Leben erzählen. Ungefähr so hatte sie mich angeschaut, als sie mich damals fragte, ob ich die Geschichte ihrer Großtante Viktorine kenne, die den Pfarrer habe heiraten wollen.

Zehn Jahre nach Mayas Tod betrachte ich ihr Totenbildchen. Das runde Gesicht, die sommerliche Bräune, das volle Haar festlich frisiert. Sie trägt den blauen, mit kleinen Blumenmustern verzierten Sonntagsrock, den sie nur für Hochzeiten und Geburtstagsfeste aus ihrem Schrank holte. Unter dem Dekolletee erkennt man ein weißes Spitzenhemd. An einer fein-  gliedrigen Goldkette hängt ein Kruzifix, das ebenso zu ihr gehörte wie der Schalk und die zahlreichen, vermutlich nur rein rhetorischen Übertretungen des sechsten Gebots.

Der kurze Dialog berührte mich.

Ich legte die Briefe in die Schachtel und warf den alten Vorsatz, den Hexenplatz nie wieder aufzusuchen, über Bord.

Vom Bahnhof Leuk sind es keine zehn Minuten bis zum Hexenplatz. Die Weinberge leuchten in der noch wärmenden Oktobersonne gelb auf. Ich überquere die Alte Hexenplatzstraße und gelange zum schmalen Zufahrtsweg, der zu Mayas Haus führt. Die Fassade ist entstellt, das grau schimmernde Weiß sattgelb. Die Fenster sind anders angeordnet, die grünen Läden abgenommen. Die große Farbenpracht aus Rosen, Tulpen und Lilien ist verschwunden. Der alte Kirschbaum, unter dem Maya oft mit ihren Besuchern saß, ist gefällt. Auch von der Rebe, die am Hintereingang die Fassade hochkletterte, fehlt jede Spur.

Zögerlich steuere ich zum Eingang. Ich klingle. Eine junge Frau öffnet, umschwirrt von zwei neugierigen Kindern. Ich erkläre ihr, dass hier früher meine Großmutter gewohnt habe. Sie lädt mich ein, mit ihr durch das Haus zu gehen. Neugierig folge ich ihr. Die alten Böden sind herausgerissen, die Wand zwischen Wohn- und Schlafzimmer durchbrochen und der alte Gilsteinofen im Flur verschwunden. Wo früher der Küchentisch stand, an dem Maya mir die Welt erzählte, steht jetzt eine hochmoderne Kochinsel. Allein die alte Holztreppe, die in den oberen Stock führt, erkenne ich wieder. Als ich unter meinen Füßen das dumpfe Knarren der alten Stufen vernehme, steigt die freudige Erwartung auf neue Geschichten in mir hoch, mit denen mich Maya in ihre Welt entführte. Im kleinen Zimmer mit Zugang auf den morschen Balkon zeigte sie mir das einzige Porträt meines verschollenen Großonkels Victor Donazzolo, von dem bis heute niemand weiß, was aus ihm geworden ist.

«Hier haben wir ein Bad eingebaut», sagt die junge Frau nicht ohne Stolz.

Der Hexenplatz hat sich verändert. Häuser und Scheunen sind umgebaut oder verschwunden. Die alten Spielplätze sind von parkierten Autos besetzt. Straßen und Wege tragen seltsame Namen, die Häuser Nummern. Immerhin finde ich den alten Weg in den Galgenwald. Und mit dem Weg die alten Schleichwege, auf denen ich Old Shatterhand gewesen bin. Meine Schritte halten auf jenen versteckten Platz im oberen Galgenwald zu, der ideal für unsere Cowboy- und Indianerspiele gewesen ist, weil er in einer Vertiefung liegt und durch die steil abfallende Grabenwand des Illgrabens gegen Westen begrenzt ist. Die zwei alten Steinblöcke sind noch da, um die herum wir Kriegsrat hielten, die sturmgebeugte Föhre aber, unser Marterpfahl, ist verschwunden.

Ich bin erstaunt über die vielen Föhrenzapfen auf dem Weg. «Nähmet nuhr diä grossu», höre ich Maya rufen, «diä gäbunt guät Glüät.» Dann sehe ich sie vor mir, wie sie dasteht im Wald, umringt von sieben, acht Enkelkindern, mit zerzaustem Chignon und ihrer weißen Küchenschürze, die erdig braune Flecken hat. Jeden Herbst sind wir mit ihr in den Galgenwald ausgeschwärmt und haben einen Nachmittag lang Parühlä, Föhrenzapfen, gesammelt, die sie zum Anfeuern ihres Holzofens brauchte.

Ich gehe weiter. Meine Kindheitserinnerungen vermischen sich mit dem süßen Duft des Föhrenharzes. Der Galgenwald ist ein heiliger Ort meiner Kindheit, und es wird mir klar, wie tief ich in dieser Landschaft wurzle. Ohne dass ich es will, führt mich mein Weg an den Illgraben. Auf den ersten Blick scheint der alte Lindwurm nichts von seiner Kraft eingebüßt zu haben. Dann aber sehe ich, dass er mit neuen Verbauungen in Schach gehalten und mittels Sensoren und Videokameras überwacht wird. Es zieht mich auf die andere Seite.

Nirgends ist mir meine Kindheit näher als im Pfynwald. Obwohl auch er sein Gesicht verändert hat. Mein Ur-Wald ist heute ein amtlich geschützter regionaler Naturpark. Wurde er in der ersten Lebenshälfte meiner Großmutter noch als Ackerland, Weideland für Schmalvieh, Streu- und Holzlieferant genutzt, soll heute die große Biodiversität des Gebiets erhalten und gefördert werden. Die großen menschlichen Eingriffe des 20. Jahrhunderts werden rückgängig gemacht: Der Armeeschießplatz ist aufgehoben, die Kieswerke werden verschoben und die in den 1950er Jahren angelegten Rhonedämme zurückversetzt.

In der Nähe des Pfynguts treffe ich auf eine Gruppe von Wandertouristen, die auf einer geführten Exkursion die Insektenwelt des Pfynwalds entdecken. Dann beobachte ich einen prachtvollen Schmetterling, der sich an einem Blasenstrauch zu schaffen macht. «Das wäre jetzt etwas für's Pfyfolterli», höre ich Mayas Stimme und erinnere mich, wie sie bis ins hohe Alter von jenem noblen Herrn erzählte, der sich an einem warmen Sommernachmittag in ihren Garten verirrte. Einen eleganteren Herrn habe sie nie kennengelernt, schwärmte sie.

Sie sei am Jäten ihres Gartens gewesen, als sie plötzlich im kleinen Wäldchen vor ihrem Haus einen Mann gewahrte, der in leicht gebückter Haltung, mit äußerst behutsamen Schritten und einem weißen Fangnetz in der erhobenen rechten Hand um die alten Föhren schlich. Immer näher sei er gekommen, und als sie seine weit aufgerissenen Augen und die zusammengepressten Lippen gesehen habe, sei sie kurz davor gewesen, ins Haus zu rennen und die Tür abzuschließen. Aber die Neugier sei größer gewesen, und für den Fall, dass ihr dieser komische Vogel Böses wollte, habe sie ja ihre Spitzhacke in der Hand gehabt. Drei Schritte vor ihrem Gartenzaun sei der etwa sechzigjährige Mann plötzlich stehen geblieben und habe eine ganze Weile lang unbewegt und mit erhobenem Fangnetz auf ein Grasbüschel gestarrt. Einige Augenblicke später habe er das Fangnetz mit Zeitlupengeschwindigkeit gegen den Boden gesenkt, um es dann mit einer schnellen Bewegung über das Grasbüschel zu stülpen. Dann sei etwas sehr Seltsames passiert. Der Mann habe sich mit einem Seufzer der Erleichterung aufgerichtet, und dabei sei die ganze Anspannung urplötzlich aus seinem Körper gewichen. Freudig lächelnd habe er sie dann angeschaut und «Bonjour Madame, excusez-moi» gesagt. Er sei an den Gartenzaun herangetreten, habe ihr seine Hand entgegengestreckt und sich vorgestellt.

Sie seien schnell ins Gespräch gekommen, erzählte Maya weiter, und weil der Mann, dem dicke Schweißperlen von der Stirn liefen, so freundlich gewesen sei, habe sie ihn zu einem Glas Wein eingeladen. Er habe dankend angenommen, und nachdem er den im Netz zappelnden Schmetterling in einer kleinen Blechdose verstaut habe, sei er zum Vorplatz ihres Hauses gekommen, um auf der Gartenbank unter dem alten Kirschbaum Platz zu nehmen. Der Fremde sei sehr interessiert gewesen und habe ihr eine Frage nach der andern gestellt.

Erst nachdem er gegangen sei, habe sie realisiert, dass sie eigentlich gar nichts über den Mann erfahren habe. Nicht einmal seinen fremdländisch klingenden Namen habe sie sich merken können. Deshalb und weil sie ihn nicht vergessen wollte, habe sie ihn für sich Pfyfolterli, Schmetterling, genannt.

«Weißt du denn gar nichts über ihn?», fragte ich meine Großmutter.

«Eigentlich nur, dass er im Hotel Bristol in Leukerbad logierte.»

Als ich an jenem warmen Herbsttag des Jahres 2009 den Pfynwald wieder verließ, ging ich immer noch davon aus, dass es sich beim Pfyfolterli um eine Phantasiefigur aus dem Kuriositätenkabinett meiner Großmutter handelte. Wie ihre Liebhaber hatte sie wohl auch ihn erfunden.

Einige Wochen später stieß ich zufällig auf eine Bilderserie von Horst Tappe. Eine der Fotografien interessierte mich ganz besonders, weil sie den Schriftsteller Vladimir Nabokov auf der Schmetterlingsjagd zeigte, im Jahr 1963 in der Umgebung von Leukerbad. Ich musste unverzüglich an Pfyfolterli denken. Hatte der große Nabokov vor bald fünfzig Jahren auf der alten Gartenbank neben meiner Großmutter gesessen?

Mein einziger Anhaltspunkt war das Hotel Bristol in Leukerbad. Ich erkundigte mich dort nach Nabokov, und man verwies mich an die damalige Besitzerin Marie-Thérèse Loretan. «Als er zum ersten Mal anrief», erzählte Frau Loretan, «stellte er die seltsame Frage, ob es in der Region Schmetterlinge gebe. Als ich mit ‹Ja, sehr viele› antwortete, buchte Herr Nabokov die zwei großen, nebeneinanderliegenden Eckzimmer. Zwei, drei Wochen später stand ein vornehm gekleideter und überaus höflicher Mann vor mir, ein weltgewandter Gentleman, das sah und spürte ich sofort.»

Keine halbe Stunde später habe der Herr das Hotel mit einer weißen Schirmmütze, einem verknitterten grauen Hemd und einem Fangnetz wieder verlassen.

Vladimir Nabokov, der Schmetterlingsjäger

Meine weiteren Recherchen ergaben, dass Nabokov, der mit seiner Frau Vera seit 1961 in einer Achtzimmersuite im Palace Hotel in Montreux lebte, im Sommer 1963 zum ersten Mal nach Leukerbad fuhr, wo sein einziger Sohn Dimitri in Kur war. In den folgenden Jahren stieg der Autor der weltberühmten ‹Lolita› noch drei weitere Male im Hotel Bristol ab. Er habe sehr zurückgezogen gelebt, erzählt

Frau Loretan, habe bei schönem Wetter Ausflüge gemacht und viel Zeit in seinem Zimmer verbracht.

«War er auch im Pfynwald?», erkundige ich mich.

«Ja, öfters. Er war von diesem Wald fasziniert.»

Einmal habe sie ihn mit ihrem Privatauto von Leukerbad zum Illgraben chauffiert, wo er sehr schnell im Wald verschwunden sei. Als sie ihn dort am späten Nachmittag wieder abholte, habe er ihr mit Begeisterung von diesem und jenem Schmetterling erzählt, den er gefangen habe, und einmal habe er ihr in seinem Zimmer sogar verschiedene Exemplare gezeigt.

In einer Publikation des Zoologischen Museums von Lausanne aus dem Jahr 1993 stoße ich auf eine genaue Übersicht der Schmetterlingsfänge Nabokovs. Daraus geht hervor, dass der leidenschaftliche Lepidopterologe – sechs Schmetterlinge sind nach ihm benannt – in den Monaten Mai bis Juli 1963 über die alpinen Wiesen von Leukerbad, den Gemmipass und durch die Region Leuk streifte und dabei zahlreiche Fänge für seine Sammlung machte. So ging ihm am 5. Juni 1963 in Inden ein Colias hyale, in Leukerbad ein Pieris bryoniae ins Netz, fünf Tage später in Leuk ein Erebia triaria, am 21. Juni in Salgesch ein Polygonia C-album und am 26. Juni in Varen ein Nymphalis polychloros.

Am 12. Juni 1963 fing Nabokov in meinem Heimatdorf Susten einen Mellicta athalia athalia. War das der Fang im Wäldchen vor dem Haus meiner Großmutter? Wahrscheinlicher scheint mir der 4. Juli 1963: An diesem Tag machte der vierundsechzigjährige Nabokov im Pfynwald, zu dem das kleine Wäldchen vor Mayas Haus ja eigentlich gehörte, einen ganz besonderen Fang: Zum ersten Mal in seinem Leben verfing sich an diesem Tag ein prächtiges

Exemplar des Iolana iolas aus der Familie der Zipfelfalter in seinem Kescher. Der ungewöhnliche Fang hatte zur Folge, dass Nabokov dem Pfynwald in seinem Roman ‹Ada oder das Verlangen› ein literarisches Denkmal setzte. Gleich zweimal kommt er darin auf den Wald zu sprechen. An einer Stelle deutet der Erzähler darauf hin, dass die beiden Protagonisten, Van Veen und Ada Durmanov, «an einem Waldweg nah Susten im Valais» blaue Schmetterlinge gesehen haben, an der anderen Stelle wird Van Veens Haus im Pfynwald erwähnt, die Villa Iolana, die bezeichnenderweise den Namen jenes Schmetterlings trägt, den Nabokov am 4. Juli 1963 im Pfynwald gefangen hat. Und diese Stelle hat es in sich:

Die fahle Röte der Morgendämmerung in seinem Rückspiegel war längst in heftig strahlendes Tageslicht übergegangen, als er sich auf der neuen Pfynwald-Straße südwärts nach Sorcière wand, wo er vor siebzehn Jahren ein Haus (jetzt «Villa Iolana») gekauft hatte.

Interessant für mich war der Endpunkt von Veens Reise, die Villa Iolana, die südwärts der Pfynwaldstraße in einer Gegend liegt, die Sorcière heißt. Damit war klar: Van Veen unterbricht seine Reise in Susten und verlässt die Kantonsstraße beim Pfynwald in Richtung Süden. Wer die Karte studiert, sieht schnell, dass sein Weg in den Hexenplatz führt. Wieso aber gibt Nabokov dem Hexenplatz den Namen Sorcière, französisch für Zauberin, Hexe? Hat ihn der Hexenplatz dazu inspiriert? Der Zauber von Mayas Erzählkunst?

Für meine Großmutter hätte die Frage, ob sich ihr Tête-à-tête mit Nabokov wirklich ereignet hat, keine Rolle gespielt. «Die Phantasie ist auch eine Welt, und in ihr lässt sich bestens leben», hat sie mir einmal erklärt. Mit dem abgeklärten Lächeln einer fröhlichen Weisen, die ein großes Geheimnis hütet.

LITERATURVERZEICHNIS

Andersen, Hans Christian: Die Eisjungfrau. Erzählung aus den
Schweizer Bergen, Stuttgart 1910.

Andersen, Hans Christian: Tagebücher 1825–1875, Göttingen 2000.

Andersen, Hans Christian: Tagebücher 1825–75, hg. von Gisela
Perlet, Fankfurt/Leipzig/Göttingen 2003.

Anker, Valentina: Alexandre Calame (1810–1865): Dessins.
Catalogue raisonné, Bern 2000.

Bille, Corinna: Finges – fôret du Rhone, Lausanne 1975.

Bille, Corinna: Le mystère du monstre, Genève 2003.

Bille, Corinna: Das Vergnügen, eine eigene neue Welt in der Hand zu
halten. Ein Lesebuch. Herausgegeben von Charles Linsmayer,
übersetzt von Hilde Fieguth, Frauenfeld 2008.

Bille, René-Pierre und Praz, Jean-Claude: Eindrucksvolle Natur,
Moudon 2003.

Bille, René-Pierre und Werner, Philipp: Natur entdecken im Pfynwald, Liestal 1986.

Bille, René-Pierre: Des animaux plein les yeux, Moudon 1993.

Bourrit, Mark Theodor: Beschreibung der Pernischen und Rhäti-
schen Alpen, Zürich 1782.

Boyd, Brian: Vladimir Nabokov: die amerikanischen Jahre: 1940–
1977, Hamburg 2005.

Bridel, Philippe: Essai statistique sur le Canton du Valais,
Genf 1978.

Burri, Marcel: Igance Mariétan: Itinéraire d'un précurseur, Sion 1996.

Chappaz, Maurice: Die Walliser. Übersetzt von Pierre Imhasly,
Zürich 1982.

Chappaz, Maurice: Das Buch der C. Für Corinna Bille, aus dem
Französischen von Pierre Imhasly, Frauenfeld 1994.

Chappaz, Maurice: Se reconnaître poète? Correspondance 1935–1953,
Genf 2007.

Cingria, Charles-Albert: Le Parcours du Haut Rhône, ou, La julienne
et l'ail sauvage. Textes et croquis pris sur la route (Zeichnungen
von Paul Monnier), Paris 1997.

Daetwyler, Max: Friedensapostel 1886–1976. Publikation zur
Ausstellung im Schweizerischen Bundesarchiv, Bern 1996.

Däniker, Albert Ulrich: Über die Bedeutung des Schweizerwaldes.
Eine Aufklärungsschrift, Basel 1945.

Demole, Eugène: Le trésor de la Fôret de Finges, in: Revue Suisse de Numismatique. Tome XV, Genf 1909.

Demole, Eugène: Le propiétaire presumé du trésor de la fôret de Finges. In: Revue Suisse de Numismatique. Tome XVI, Genf 1910.

Donnet, André: Personnages du Valais fichés par l'Administration française du département du Simplon, Vallesia, Sitten 1986.

Die Rhone. Ein Fluss und seine Dichter, in: Du. Die Zeitschrift zur Rhone. Heft Nr. 2, Februar 1997.

Dumas, Alexandre: Impressions de voyage en Suisse, o.O. 1832.

Ebel, Johann Georg: Anleitung auf die nützlichste und genussvollste Art die Schweiz zu bereisen. Vollständiger Unterricht über alle Naturschönheiten und Merkwürdigkeiten der Schweiz, Zürich 1805.

Elsig, Patrick: Notice sur le trésor de Finges. Kantonsmuseum Sitten 2003.

Englert, C.: Us der Gschichtetrucke. Ein Schweizer Volksbuch für jung und alt, Bern 1963.

Felder, Bernhard: Wanderbriefe: Furka, Grimsel, Oberwallis, Gemmi, Luzern 1913.

Fibicher, Arthur: Walliser Geschichte. Band 3.1, Sitten 1993.

Freymond, Jean-Jacques: L'aveugle du Jorat ou Memoires d'un officier Vaudois atteint de Cécité, Lausanne 1830.

Frei, Karl: Zwei gotische Zinnkannen aus dem Wallis, in: 39. Jahresbericht des Schweizerischen Landesmuseum, Zürich 1930.

Fux, Adolf: Lachendes Wallis. Land und Volk in heiterer Schau, Basel 1959.

Gattlen, Anton: Die Beschreibung des Landes Wallis in der Kosmographie Sebastian Münsters, Vallesia X, Sitten 1955.

Gattlen, Anton: Druckgrafische Ortsansichten des Wallis, 1850–1899 und Nachtrag 1600–1849, Brig 1992.

Geschichtsforschender Verein Oberwallis: Walliser Sagen, o.O. 1907.

Grichting, Alois: Das Oberwallis 1840–1990. 150 Jahre ‹Walliser Bote›, Brig 1990.

Guntern, Josef: Walliser Sagen, Olten 1963.

Guntern, Josef: Volkserzählungen aus dem Oberwallis, Basel 1978.

Hobsbawm, Eric: Die Banditen, Räuber als Sozialrebellen, München 2007.

Hugger, Paul: Sozialrebellen und Rechtsbrecher in der Schweiz. Eine historisch-volkskundliche Studie, Zürich 1976.

Imesch, Dionys: Die Kämpfe der Walliser in den Jahren 1798–1799, Sitten 1899.

Jegerlehner, Johannes: Walliser Sagen, Bern 1959.

Kämpfen, Peter Joseph: Die Freiheitskämpfe der Oberwalliser in den

Jahren 1798 & 1799. Mit einem Anhang der neuesten Geschichte von Wallis, Sierre 1998.

Kilian, Peter: Die Sage vom grossen Räuber Lisür, Schweizerisches Jugendschriftenwerk SJW Nr. 613, Zürich 1963.

Matile-Jean-Petit, Maurice: Le Valais vu par les peintres, Lausanne 1985.

Mathieu, Jon: Geschichte der Alpen. Umwelt, Entwicklung, Gesellschaft, Wien 1998.

Mathier, Albert u. a.: Le Bois de Finges et son Rhône. L'une des plus belles pinèdes d'Europe, Sierre 1980.

Meichtry, Wilfried: Zwischen Ancien Régime und Moderne. Die Walliser Adelsfamilie von Werra, historische Dissertation, Bern 1998.

Nabokov, Vladimir: Ada oder das Verlangen. Aus den Annalen einer Familie, Hamburg 1998.

Papilloud, Jean Henry: Sierre – une ville, une usine, un château, Sierre 2008.

Papilloud, Jean Henry: 100 ans d'aluminium en Valais, Monografie, Sierre 2008.

Pitteloud, Antoine: Le voyage en Valais: anthologie des voyageurs et des écrivains de la Renaissance au XX siècle, Lausanne 2005.

Pitteloud, Antoine: Rodolphe Toepffer en Valais: textes extraits des ‹Voyages en zigzag› et des ‹Nouvelles Genevoises›, Lausanne 2006.

Richler, Claude & Ruffieux, Roland: Le voyage en Suisse. Anthologie des voyageurs français et européens de la Renaissance au XXe Siècle, Paris 1998.

Ruedin, Pascal: Von Edmond Bille zu Kirchner. Ländlichkeit und moderne Kunst, Moudon 2003.

Sauvan, M.: Le Rhône. Description historique et pittoresque de son cours, Paris 1829.

Sartori, Michel: Les papillons de Nabokov. Bibliothèque cantonale et universitaire Lausanne, 1993.

Scheuchzer, Johann Jakob: Beschreibung der Natur-Geschichten des Schweizerlands, Theil 1–3, Zürich 1708.

Schiner, Hildebrand: Description du Département du Simplon, Sion 1812.

Schmid, Hans: Wallis. Ein Wanderbuch, Frauenfeld 1926.

Schnidrig, Alois Larry: Lisür – der Räuberhauptmann von Pfyn, in: ‹Walliser Bote› 1970 (Nr. 67, 72, 78, 84, 90, 96, 102).

Schwengler, Arnold Hans: Das wilde Tier im Wallis. Eine Moritat in 7 Gesängen, Bern 1971.

Stumpf, Johannes: Gemeiner loblicher Eydgnoschafft Stetten: Landen und Völckeren Chronik, Winterthur 1975.

Siegen, Johann: Die letzten Bären im Wallis, Walliser Jahrbuch 1939, S. 76 ff.

Tscheinen, Moritz und Ruppen, Peter Josef: Waliser Sagen, Sitten 1872.

Vernaleken, Theodor: Alpensagen. Mit einem neuen Vorwort von Hans Biedermann, Graz 1970.

von Deschwanden, Peter: Die Schlacht im Pfynwald 1799, in: Blätter aus der Walliser Geschichte, Band 30, Visp 1998.

Werra, Raphael von: Eine ungewöhnliche Heiratsgeschichte, in Blätter aus der Walliser Geschichte, XXII Band, Brig 1990.

Willisch, Patrick: Die Autobiographie von Anton de Augustini, Lizentiatsarbeit, Freiburg 1991.

Zermatten, Maurice: Das Wallis in Kunst und Literatur, in: Neue Schweizer Rundschau, Januar 1941, Heft 9, S. 546.

Zufferey, Eramse: La passé du Val d'Anniviers, Siders 1973.

Zufferey, Eramse: La passé du Val d'Anniviers, dans le cadre du l'histoire valaisanne, Siders 1973.

BILDNACHWEISE

Vorsatzblatt: © Reinhard Lässig (WSL)

Nachsatzblatt: Kartenzeichnung von Uli Wirz, Brig

S. 7   Tuschevignetten alle Kapitel: Uli Wirz, Brig

S. 19 u. 23 ‹Schweizer Illustrierte Zeitung›, heute ‹Schweizer Illustrierte›, Zürich

S. 35   Staatsarchiv Wallis, Sitten

S. 43   Kantonales Museum für Geschichte, Sitten

S. 49   Mediathek Martigny

S. 55   Schweizerisches Nationalmuseum, Zürich

S. 65   Nachlass Oskar Weber Zürich/Landgut Pfyn

S. 69   Archiv Aclan Aluminium Valais, Chippis

S. 99   C. Kunkel sculp. J. M. Kolb (Wilfried Meichtry)

S. 121 André Ruffiner, Leuk

S. 124 Nachlass René-Pierre Bille, Mediathek Martigny

S. 129 Nachlass René-Pierre Bille, Mediathek Martigny

S. 131 Nachlass René-Pierre Bille, Mediathek Martigny

S. 149 Keystone/Horst Tappe, Zürich

DANK

Mein allererster Dank geht an die Stiftung Pfyn-Finges, ihren Direktor Dr. Peter Oggier und an die Projektleiterin Alexandra Staub, die dieses Buch angeregt haben.

Sehr herzlich bedanke ich mich bei Alejandro Hagen. Unsere langen und anregenden Diskussionen über die Form und den Inhalt dieses Buches haben mir sehr geholfen. Für das kritische Lektorat bedanke ich mich bei Dirk Vaihinger, Alejandro Hagen und Patrizia Lorenzi. Für die Tuschzeichnungen und die Karte am Schluss des Buches beim Künstler Uli Wirz.

Folgende Personen haben zur Entstehung dieses Buchs beigetragen: Bernhard Aebi, Thérèse Bille, Victor Matter, Arnold Zwahlen, Raoul Willa, Hilde Fieguth, Irma Andenmatten, Patrick Elsig, Edith Ambiel-Grand, German Grand, Martina Salamin-Cina, Adolf Metry, Thomas Weber, Philipp Meichtry, Daniel Meichtry, Gaby Meichtry, Elvira Meichtry-Grand, Jacques Bille, André Ruffiner, Marcel Brunner, Hermann Brunner, Nadine Hugo, Niklaus Grichting, Roman Droux, Trudi und Fritz Bieri, Manuel Mottet, J.-A. Margelisch, Roland Kuonen.

Mein Dank richtet sich an folgende Institutionen:

Alcan Aluminium Valais, Chippis (Archiv)
Walliser Kantonsbibliothek Sitten (Simon Roth, Delphine Debons)
Mediathek Martigny (Mathieu Emonet)
Staatsarchiv Wallis (Hans-Robert Ammann, Jean-Pierre Theytaz)
Landesmuseum Zürich (Hortensia von Roten)
Schweizerische Nationalbibliothek Bern
Bundesarchiv Bern

INHALT

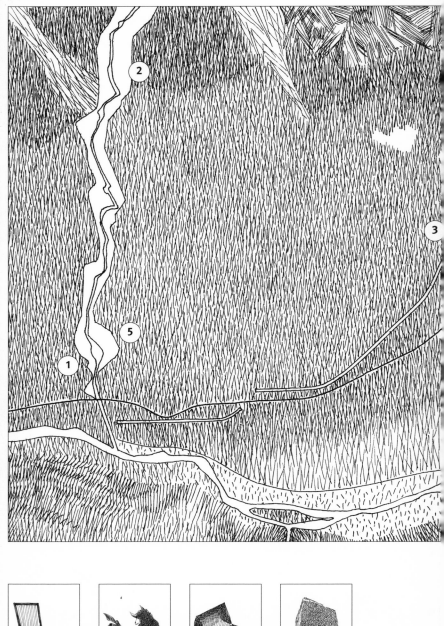